AF742776

Retour sur 40 ans de développement international

1984 – 2024

Entre Trente Glorieuses et globalisation

Collection Économie Plurielle
dirigée par Henry PANHUYS*

La collection a pour ambition de développer le pluralisme dans les sciences sociales et particulièrement en économie. Cet objectif est devenu aujourd'hui une nécessité tant du point de vue des faits que du point de vue des théories et des paradigmes relevant du domaine de l'Homme. Leur cloisonnement s'avère être un obstacle à l'interprétation des mutations en cours. L'irruption et la diffusion de la société de l'information et de la connaissance ainsi que l'importance de la culture, du sens et des croyances dans les pratiques d'acteurs supposent un changement radical dans l'épistémologie des sciences sociales et humaines. Dans ce but, la collection se veut aussi un lieu de dialogue et d'échanges entre praticiens et théoriciens de toutes origines et de tous horizons. Conformément à l'étymologie grecque du vocable économie (oïkonomia est un composé de oïkos/maison et nomos/loi qui désigne l'art d'administrer la maison, d'en gérer les biens et ressources de toute nature), la collection entend aussi relier par une approche transversale, holiste, les multiples sphères d'activités et de savoirs humains. Elle entend enfin, en référence à son dérivé oekoumène (du grec oïkoumené/terre habitée) rassembler, de manière œcuménique, dans un universalisme sans frontières, la pluralité des spiritualités grâce auxquelles les pratiques et productions humaines font sens.

De la Méditerranée à l'Extrême Asie, de l'Égypte pharaonique à la Chine taoïste en passant par l'Inde bouddhique, le lotus est dans ses multiples manifestations et colorations, au profane comme au sacré, un symbole de vitalité, de pluralité, de créativité. En particulier, le lotus rose, ou padma, est un emblème solaire et de prospérité dans l'iconographie indienne. Avec ses huit pétales significatifs des huit directions de l'harmonie cosmique, il est une manière d'offrande à la vie. C'est d'ailleurs cette fleur symbolique qui constituait le fondement du logo du Réseau Sud-Nord Cultures et Développement dont notre collection est l'héritière directe. C'est pourquoi nous la reprenons désormais comme symbole d'ouverture au monde, à la connaissance, la paix et la démocratie.

Jusqu'à son décès en juillet 2011, Hassan ZAOUAL Professeur des Universités, a co-dirigé cette collection

Parutions

Hassan Zaoual, *Du rôle des croyances dans le développement économique*, 2002

Philippe David, *Niger en transition 1960 – 1964, Souvenirs et rencontres*, 2007

Hugo Cameron Dominique Njinkeu, *L'aide pour le commerce et le développement*, 2009

Henry Panhuys, *L'économie sociale et solidaire dans le basculement du monde au Nord et au Sud - De l'entreprenariat institué au partenariat situé,* 2013

Acteurs territoriaux, identités et capacités entrepreneuriales, Territoire et entrepreneuriat, 2014

Aloys Tegera Buseyi, *Les Banyarwanda du Nord-Kivu (RDC), Histoire d'un groupe transfrontalier au XX*e *siècle*, 2021

Ahmed Bamba Famoussa Sissoko, *Si j'étais Président de la République du Mali... T1, Laissez-nous choisir nos Présidents*, 2023

Ahmed Bamba Famoussa Sissoko, *Si j'étais Président de la République du Mali... T2, Laissez-nous tranquilles. Ne faites pas du Nord-Mali un corpus separatum*, 2023

Ahmed Bamba Famoussa Sissoko, *Si j'étais Président de la République du Mali... T3, Laissez-nous grandir et nous développer*, 2023

Laurent Chazée

Retour sur 40 ans de développement international

1984 – 2024

Entre Trente Glorieuses et globalisation

L'Harmattan

© L'HARMATTAN, 2024

5-7, rue de l'École-Polytechnique, 75005 Paris
http://www.editions-harmattan.fr
ISBN : 978-2-336-48355-9
EAN : 9782336483559

I.
Introduction

Ce retour d'expérience sur une période de 40 ans (1984 - 2024) en développement international est surtout motivé par l'objectif de partager une tranche de vie et d'expérience internationale dans les pays en développement, dans un contexte de transition après la période coloniale et les « Trente glorieuses » et le début de la « globalisation de la mondialisation ». C'est aussi, pour celles et ceux qui démarrent ou sont intéressés par une carrière internationale en développement ou protection de l'environnement, de fournir une analyse actualisée (2024) du contexte évolutif de travail et de vie dans les pays en développement ou en voie de développement. Elles ou ils pourront y faire référence pour absorber les nouveaux enjeux et défis qui se préparent. Cette analyse est basée sur une expérience dans 32 pays, surtout en Afrique, Asie, Moyen-Orient et Europe de l'Est. Elle est guidée sous le prisme dominant du développement rural durable et de la protection de l'environnement sur le terrain.

Cet ouvrage volontairement court ne peut couvrir l'ensemble des sujets du développement international de cette période. Des choix ont été faits sur une sélection de situations, de décisions, d'enjeux, de défis, d'acteurs, d'anecdotes. Cet ouvrage n'a pas non plus l'objectif ni la prétention d'analyser le secteur professionnel du développement et de la conservation, mais plutôt, de décrire, avec une analyse critique, les conditions de vie et le contexte professionnel de cette période, avec ses côtés positifs, mais aussi ceux moins positifs. La nature humaine fait que l'on a plus souvent tendance à passer rapidement sur les succès et les résultats positifs, car on les considère comme acquis, alors que l'on s'attarde plus volontiers sur les problèmes et les échecs, qui demandent des efforts, de longues discussions et des décisions pour les résoudre ou pour en tirer les leçons. En effet, si je suis plutôt optimiste de nature, certaines causes, certains comportements ou échecs, lorsqu'ils sont ou deviennent chroniques et freinent la performance de notre action, ne peuvent être passés sous silence. Ils sont riches d'enseignements pour améliorer et accélérer la performance du développement humain et de la protection de l'environnement : un défi majeur, surtout avec le retour de la pauvreté et l'accroissement de l'insécurité alimentaire depuis 2015, dans des écosystèmes et leur biodiversité qui continuent à se dégrader. C'est donc dans cette optique que certaines suggestions sont proposées.

La période d'analyse démarre avec ma première mission longue en 1984, 10 ans après les trente glorieuses[1] (1945-1975) et se termine en 2024, un peu plus de 2 décennies après le début de la globalisation de la mondialisation[2]. C'est aussi la période du début de l'industrialisation des pays du « Tiers monde »[3] et de

---

[1] Cette période, démarrée 4 décennies plus tôt aux Etats Unis, commence en Europe après la seconde guerre mondiale et se termine suite aux chocs pétroliers de 1973 et 1979. Elle est caractérisée dans les pays développés, industrialisés, par une forte croissance économique, une accélération de l'investissement et de la consommation, de l'industrialisation favorisée par l'énergie fossile à bas-coût, du progré technologique, le quasi plein emploi et pour conséquences, entre autres, une forte croissance démographique (baby-boom), une amélioration des conditions de vie, une hausse de la consommation et le développement des loisirs.

[2] La mondialisation ou les mondialisations selon le concept d'aujourd'hui ont démarré au début du XXe siècle avec l'industrialisation et l'accélérération du commerce transfrontalier. La globalisation (intégration des économies, de la technologie, de la concurrence, des politiques, des accords internationaux) de la mondialisation a démarré dans les années 80, et depuis l'an 2000, le phénomène touche presque tous les pays.

[3] Le concept de Tiers monde apparait en 1952 (après la deuxième guerre mondiale, concept d'Alfred Sauvy et Georges Balandier), pour classer les pays non industrialisés africains, asiatiques, océaniens ou du continent américain, pour lesquels la mise à niveau du développement s'impose. Les deux premiers mondes sont les pays de l'OTAN (12 membres fondateurs en avril 1949 : Belgique, Canada, Danemark, USA, France, Islande, Italie, Luxembourg, Norvège, Pays-Bas, Portugal et Royaume-Uni) et du Pacte de Varsovie (Organisation militaire des pays socialistes d'Europe de l'Est fondée en 1955, regroupant l'Union des républiques socialistes soviétiques (URSS), l'Albanie (jusqu'en 1968), la Bulgarie, la Hongrie, la Pologne, l'Allemagne de l'Est (jusqu'en 1990), la Roumanie et la Tchécoslovaquie. Le Pacte de Varsovie sera dissous le premier juillet 1991, peu avant l'éclatement officiel de l'URSS). On parlera ensuite de « Pays sous-développés » et de « Pays les moins avancés » et on ajoutera en 1969 la notion de « Quart-monde » pour les pays

leur mise à niveau en matière de services, d'infrastructures et de cadres politiques et légaux. En 1984, nombreux de ces pays étaient principalement confrontés à l'insécurité, y compris celle alimentaire. Ceux anciennement colonisés tentaient aussi de consolider leurs bases politiques. Jusque dans la première partie des années 90, les stratégies et les programmes prioritaires inclus dans les plans quinquennaux, selon une planification centralisée, visaient à assurer la sécurité alimentaire des villes, de l'armée et des populations rurales. Si dans la deuxième partie des années 90, certains pays du « Tiers Monde », appelés alors « pays en développement » et « pays en voie de développement » purent lancer leur développement et leur diversification économique au-delà de la suffisance alimentaire et leur développement social, la dimension sécuritaire revint sur le devant de la scène en moins d'une décennie (suite à l'évènement du 11 septembre 2001 à New York) et la dimension d'insécurité alimentaire et nutritionnelle en seulement deux décennies (à partir de 2015). J'allais travailler dans ces pays pendant cette période.

particulièrement vulnérables. C'est dans les années 90 que l'on adopta les catégories de « Pays développés », « Pays en développement », « Pays en voie de développement » et « Pays emergeants ».

II.
Une carrière internationale non prévue

En 1982, j'avais fini mes études à l'Institut Supérieur d'Agriculture Rhône-Alpes (ISARA), travaillais dans un bureau d'études à Lyon et avais pour objectif de poursuivre ma carrière en zone rurale dans le cadre d'aires protégées en France. Ce n'est donc pas par conviction, mais pour éviter le service militaire que j'optais pour la coopération technique. Accepté pour une durée de 16 mois sur l'île de Sainte-Lucie, je partais finalement, par défaut, en Somalie entre 1984 et 1987, en raison de la suppression du nouveau poste créé sur cette île aux Antilles à cause du budget requis pour financer la guerre du Tchad. C'est dire combien je ne pouvais supporter l'ambiance militaire. C'est ce qui déclencha ma carrière internationale. Je ne le regrette pas. Merci l'armée[4].

Cette carrière dans les pays étrangers - surtout en développement et voie de développement - a donc démarré en octobre 1984 en Somalie[5] et se termine, en tout cas pour les missions de longue durée, en 2024 au Maroc. Soit 40 années de services. Honnêtement, difficile de dire « bons et loyaux services », car dans ce métier, il y a à boire et à manger et des compromis quelquefois à la frontière de la morale, ou de ce que les Anglo-saxons appellent le « borderline », on en parlera plus loin. Toutefois, je pense avoir pu garder les valeurs et les principes liés à la « vocation » de ce métier. En effet, je retiens le terme de « vocation », comme pour tout métier qui associe à sa

[4] Le service militaire obligatoire se termina sous Chirac, en 1997. Toutefois, en janvier 2024, la généralisation du Service national universel est annoncé par Macron, peut être un début de « réarmement civique » avant le rétablissement d'un service militaire ?

[5] Cette période de 3 années en tant que Volontaire du Progrès (Association française des volontaires du Progrès (AFVP) fut très riche et très utile pour le reste de ma carrière, surtout à 3 niveaux : travail d'équipe sur le terrain avec les populations locales, développment d'un esprit « volontaire » et adaptation à des conditions spartiates et d'isolement. Après la Somalie tous les autres postes furent des parcours de santé.

mission un intérêt personnel qui va au-delà de ses termes de référence officiels, une disponibilité personnelle immédiate en réponse à l'urgence, une notion de sacrifice, un choix d'une approche adaptative pour gérer les situations et accompagner les changements au plus près des vrais besoins, un engagement prioritaire pour les autres. Le développement rural, la lutte contre la pauvreté et la protection de l'environnement dans les pays en voie de développement, quand ils nous confrontent au quotidien à l'exode rural, à la désertification, à l'insuffisance alimentaire, à la vulnérabilité, à l'exclusion, à la dégradation des écosystèmes et de leur biodiversité, à la lutte contre la corruption, font partie de ces métiers de vocation, comme ceux liés à l'aide d'urgence, à l'Aide aux réfugiés et aux migrants clandestins, aux soins de santé primaire, à l'aide-volontaire aux sans abris et sans nourriture, aux infirmier(e)s s, etc. Un travail sans fin dans lequel, in fine, l'optimisme nous convainc que sans notre action, la situation pourrait ou serait sans doute pire. Pas très optimiste vous me direz. Je dirais que si, avec humilité. Car sans cette « vocation », on ne compte plus le nombre d'actions et de projets dans lesquels l'expertise technique aurait pu réaliser des diagnostics moins complets menant à des solutions inadéquates et non durables, aurait créé de l'iniquité, introduit des modèles agricoles inadaptés, polluants en ignorant les savoirs locaux, endetté les populations et les futures générations à entretenir des infrastructures surdimensionnées et inadaptées au contexte, aurait provoqué des morts supplémentaires en laissant les procédures administratives dominer les décisions, aurait même créé de la pauvreté. Ne plus se battre pour la justice et l'équité du développement durable, c'est laisser plus de place aux acteurs de l'échec.

Cette période professionnelle comprend 27 années de missions longues (Somalie, Laos, Tanzanie, Népal, Algérie, Ghana, Maroc, France) en tant que résident et 13 années de missions diverses et d'appui de courts termes (Laos, Namibie, Cambodge, Vietnam, Madagascar, Rwanda, Congo-Kinshasa, Sénégal, Fidji, Philippines, Tunisie, Algérie, Maroc, Liban, Égypte, Israël, Malte, Croatie, Albanie, Slovénie, Roumanie, Turquie, Bosnie-Herzégovine, Monténégro, Serbie, Uruguay,

USA). Une partie des missions courte fut réalisée à partir de la France, dans le cadre du CIRAD et de la Tour du Valat. Des occasions pour visiter aussi, en plus des pays et principautés de l'Europe de l'Ouest (Espagne, Italie, Angleterre, Belgique, Suisse, Autriche, Pays-Bas, Grèce, Portugal, Andorre, San Marin, Monaco, Vatican), la République tchèque, l'île Maurice, les Seychelles, l'Indonésie, la Malaisie, la Thaïlande, la Birmanie (Myanmar), la Chine, le Tibet, l'Inde, le Sri Lanka, la Slovénie, Hong Kong, Singapour, l'Australie, la Nouvelle-Zélande, le Togo, le Burkina Faso, Djibouti, le Kenya, le Burundi, l'Argentine. Au total, 67 pays et principautés, largement dépassé, de manière rétroactive, mon crédit carbone…

En démarrant comme volontaire dans une mission longue en Somalie, basé au district d'Halula à la Corne de l'Afrique, je fus armé pour le reste de ma carrière. En effet, la période de volontariat auprès des populations rurales nous permet d'acquérir un état d'esprit du développement sensible aux conditions des populations. Démarrer dans un pays aux conditions d'isolement extrême et de conditions de vie difficiles nous permet de relativiser et même de positiver les difficultés rencontrées dans les autres pays.

Dans le cadre du développement international, les missions de longue et courte durées sont deux catégories d'expertise différentes. Chaque consultant choisit, selon sa conception de l'appui au développement, sa situation personnelle et familiale, son choix de vie, son état d'esprit et selon l'évolution de sa carrière, pour quelle catégorie il optera. Je parlerai ici des choix que j'ai faits et des raisons de ces choix. J'ai globalement préféré et privilégié les missions longues dans les pays plutôt que les missions courtes.

Tout d'abord, une mission longue, en général de plus de 6 mois[6], implique une résidence dans le pays de travail, notre

---

[6] Dans la législation française, un travail continu à l'étranger de plus de six mois dans l'année n'est potentiellement pas comptabilisé fiscalement en France (pas compté comme résident fiscal). Cela à la condition que nous nous enregistrions

engagement physique et intellectuel sur le terrain dans la mise en œuvre du projet. Elle nous plonge dans la vie du pays, dans le quotidien de la population, dans les dynamiques sociales. La résidence en zone rurale décale en deuxième plan notre espace de vie privée, nous vivons au rythme des communautés, évènements et cérémonies nationales et locales. Ces missions impliquent un déménagement, une location de maison, le processus administratif de travail dans le pays, une gestion des ressources humaines, financières et logistiques du projet. Le défi est de pouvoir exécuter la mission professionnelle dans la durée en s'adaptant à un autre mode de vie, avec une gestion adaptative entre les objectifs du projet et les réalités sociales et de terrain qui vont fournir leur lot de découvertes, de surprises, de retards, de joies, de peines, quelquefois de drames, etc. Il s'agira aussi de créer une dynamique de travail entre nationaux et internationaux aux références et expériences différentes. Ces réalités de mise en œuvre, on n'en réalise pas la portée lors des missions courtes et des études, à part si l'on a déjà eu l'expérience d'une mission longue avant les missions courtes.

En ce qui me concerne, les missions longues de développement rural intégré d'au moins trois années ont été les plus utiles. La première année pour mettre en place des équipes locales et les former, concevoir les méthodes et les programmes opérationnels, les outils de gestion humaine, administrative et financière du projet, comprendre suffisamment le contexte local, les stratégies de développement des populations et l'histoire du territoire, identifier les activités prioritaires de développement, lancer les études de faisabilité et établir la confiance avec les populations par des échanges réguliers. Cette première année, je n'apportais pas grand-chose à la population, mais elles m'apportaient beaucoup en termes de connaissances. La deuxième année, on lançait rapidement les activités les plus « consensuelles », les plus « équitables » et les plus « communautaires », dans les domaines sociaux et environnementaux, pour concrétiser la confiance auprès des

---

à travers le Consulat dans le pays de travail, prouvant notre résidence à l'étranger.

populations et montrer notre capacité à agir rapidement au-delà de nos études et nos rapports. On profitait aussi de cette deuxième année pour consolider nos connaissances et identifier les projets plutôt d'ordre économique, qui relèvent plus des ménages et des individus, dont il fallait d'abord s'assurer d'en connaître la diversité de situations et de réponses adaptées à chaque groupe. En troisième année, on démarrait notre rythme de croisière dans la mise en œuvre des activités économiques, sociales, et/ou environnementales, les programmes de formation et d'accompagnement et les activités de suivi. Si nous avions la chance d'une ou de deux années supplémentaires, nous pouvions ajuster nos actions suite aux expériences des deux années précédentes, commencer à identifier les effets du projet sur la dynamique locale de développement et évaluer les premiers impacts. C'est lorsque les changements d'attitude des populations (acquis et relative acceptation d'une nouvelle idée, technique ou technologie introduite par le projet) se concrétisent par des changements de comportements (adoption concrète de l'idée, technique ou technologie par la population) pendant la période du projet que nous commençons vraiment à faire partie de leur histoire. Cela prend, pour un projet rural intégré, dans le meilleur des cas, au moins quatre ans. Cette période est réduite à 3 ans avec une approche sectorielle par menu[7]. C'est ensuite, si l'on a plus de temps dans le même projet, que l'on peut accélérer la masse critique de changement de comportements, guider et ajuster les dynamiques de développement en prenant en compte les évolutions de la société et des forces externes (marché, politique, etc.) et les effets induits des premiers résultats qui ont généré de nouvelles idées, de nouveaux besoins, de nouvelles perspectives d'avenir. C'est au Laos que j'eus la chance de guider un processus de changement sur une période longue de 11 années.

[7] L'approche sectorielle, par opposition à celle intégrée, ne concerne que des actions dans le ou les secteurs concernés par le projet, avec donc des diagnostics et des analyses plus simples et moins de catégories d'acteurs. L'approche par menu, par opposition à l'approche adaptée à chaque projet, vise à préparer des modules « menu » standardisés d'appui aux populations, suite à l'identification de leurs principaux besoins et en lien avec l'objectif du projet.

Une mission courte, en général de 10 à 90 jours, en une seule fois ou de manière « perlée », nous implique à l'amont (identification, planification, formulation, études préalables), à l'aval (suivi, évaluation) ou dans des mises en œuvre thématiques et spécifiques (formation, étude, mise en place d'outil, etc.) de projets. Ces missions n'impliquent pas (ou peu) d'engagement social avec les populations locales ciblées par le projet. Pour toutes les missions en aval et en amont des projets, les consultants n'ont pas une obligation de résultat de mise en œuvre, ils proposent, ils planifient, ils évaluent. De ce point de vue là, ces missions sont assez « confortables », on est juste de passage. Certains s'y collent vraiment avec passion, sans compter leur temps et en respectant la spécificité du projet. Contrairement aux experts de long terme, quand la morale l'exige, ils peuvent dire les choses de manière plus directe, car ils n'auront pas le temps de se faire virer. À l'autre extrême, certains ont tendance à adopter, quel que soit le pays, des formats standards, avec quelquefois une certaine nonchalance proche de « après moi le déluge ». Avec un statut d'expert externe, lors de ces missions en amont et en aval de mise en œuvre de projet, les chefs de mission ont un pouvoir considérable, ce sont même les « patrons » des décisions. Les administrations locales et les financeurs comptent sur eux, on facilite leur mission et leurs réunions, ils reçoivent des accueils courtois. Ces experts spécialisés uniquement en missions courtes ne réalisent pas que s'ils acceptent une mission longue de mise en œuvre de projet, ils ne seront plus les « patrons », mais juste des assistants ou conseillers d'un ministère ou d'autre organisation au niveau central ou dans une région. Ils auront beaucoup moins accès aux ministères et financeurs, resteront éloignés des réseaux des décideurs, auront beaucoup moins de retour et avec retard sur leurs rapports. Toutefois, ils découvriront un autre monde du développement, beaucoup plus riche.

Ces missions courtes sont par contre assez stressantes si l'on veut bien les réussir, car nous devons produire beaucoup et utile en peu de temps. Cela demande à lire beaucoup sur le pays et le sujet avant la mission, à rencontrer de nombreuses personnes, à être organisé pour gérer l'ensemble de la mission, à savoir rédiger vite et de manière synthétique. Les missions en amont de planification et de formulation de projets sont souvent captivantes, car c'est l'occasion d'innover, de faire passer de nouvelles idées, de nouvelles méthodes, tout en capitalisant sur les expériences existantes. Pour pouvoir justifier un nouveau projet et convaincre le financeur, la dynamique de montage, sauf exception, est nécessairement positive. La contrepartie nationale est enthousiaste, car qui dit nouveau projet dit souvent finance supplémentaire. C'est à la seconde après la signature du document de projet que beaucoup de ces acteurs passent à autre chose, comme chercher à financer un autre projet ou déjà chercher les coupables du projet qui vient d'être signé, en cas d'échec. En ayant été du côté du financeur, en appui aux administrations et dans l'expertise de montage et de mise en œuvre de projets, j'ai pu être témoin à de nombreuses reprises de ces jeux d'acteurs.

À l'inverse, les missions en aval de suivi-évaluation, elles, génèrent souvent un certain malaise et un inconfort pour les acteurs de la mise en œuvre du projet et pour les administrations nationales qui les guident. Cela d'autant plus si les acteurs et les administrations en charge de cette mise en œuvre considèrent qu'une mission de suivi-évaluation est une étape de contrôle de leur propre performance. Au contraire, beaucoup de ces missions devraient être prises comme une étape nécessaire dans un cycle de projet et servir de leçons apprises pour améliorer la suite des projets et les nouvelles planifications. Contrairement aux planifications, ces missions de suivi-évaluation vont jeter un regard critique, dont l'issue « négative » est redoutée, surtout dans le cas d'évaluation externe. Dans ce cas, même si les résultats seront rédigés diplomatiquement, les coupables seront identifiés. Pire, ces missions apportent rarement des finances supplémentaires pour le développement futur du pays. Elles sont encore quelquefois vécues comme une corvée liée aux conditionnalités d'un projet. Dans ce cas, il n'est pas rare, si le projet n'a pas bien marché, que les ministères en charge du projet tentent d'atténuer la perception d'échec en orientant la mission vers des lieux et des activités qui ont le mieux marché, en sélectionnant des personnes-ressources à rencontrer ayant un positivisme à toute épreuve, en finançant un repas pantagruélique et bien arrosé qui adoucira les mœurs de la mission et limitera le nombre de questions embarrassantes, en offrant un petit cadeau de fin de mission aux évaluateurs dont on espère qu'ils se souviendront en rédigeant leur rapport. Si par contre les acteurs et les administrations en charge de la mise en œuvre du projet considèrent qu'une mission d'évaluation est une opportunité de pouvoir progresser, améliorer l'efficience, l'efficacité, la performance, l'impact et la durabilité des actions, elles sont alors très utiles. Celles réalisées à mi-parcours du projet permettent, si besoin, de rectifier la stratégie d'actions lors de la deuxième période. Les leçons apprises et la capitalisation des expériences, relevées lors des évaluations finales, permettent aussi potentiellement de mieux planifier de futurs projets, de répliquer et adapter ailleurs des expériences réussies et même de catalyser une appropriation institutionnelle de cette expérience. C'est d'ailleurs l'objectif d'un projet dit « pilote », lorsque celui-ci apporte un caractère innovant dans le pays.

Pour les missions courtes, thématiques et spécifiques, incluses dans la période de la mise en œuvre de projet, ce sont celles qui sont en principe les plus faciles à conduire. Elles s'inscrivent dans une dynamique d'actions déjà enclenchée par les experts de longue mission et correspondent en principe à notre cœur de métier : formation, étude, mise en place de méthode et d'outils, accompagnement, etc.

En ce qui me concerne, j'ai d'abord opté pour des missions longues (10 ans en Afrique et en Asie) avant de me lancer dans les missions courtes. Ceci pour m'assurer d'avoir une sensibilité de terrain suffisante avant de planifier, évaluer et recommander des projets et des actions dans des pays que je ne connaissais pas, à des acteurs nationaux et locaux qui avaient une connaissance bien plus fine de leur pays que moi. C'est ainsi que pour les missions courtes, je privilégiais les pays dans lesquels j'avais déjà effectué des missions longues, par exemple le Laos et l'Algérie.

Dans les chapitres suivants, les retours d'expérience concerneront surtout ceux issus des missions longues de mise en œuvre de projets sur le terrain.

III.
Un métier riche, adaptatif, avec encore de nombreux défis à relever

1. Comment passe-t-on du statut d'agronome à ethnologue ou expert en suivi des zones humides ?

Au départ, formaté en ingénieur agricole, il fallut rapidement se rendre à l'évidence que l'apport de fumier et des formules N-P-K n'allaient pas longtemps suffire à servir de socle aux défis mondiaux du développement agricole et rural. En effet, il fallut également s'adapter aux différentes évolutions des engagements internationaux, quelquefois vécus sur le terrain comme des « modes » ou « slogans »[8] du développement international. Je prenais en compte, selon les engagements politiques du moment, le développement rural intégré, l'intersectorialité, le concept de développement durable, le cadre logique, la notion de sécurité alimentaire, la dimension genre, la dimension environnementale, la gouvernance décentralisée, la culture, la lutte contre la pauvreté et la vulnérabilité, la planification et le développement local, le développement territorial, les droits des peuples autochtones, les phénomènes migratoires, les économies informelles, le suivi-évaluation participatif, les engagements régionaux et internationaux (Objectifs de développement du millénaire (MDG), Objectifs de développement durable (ODD), Convention de la diversité biologique (CDB), Convention Ramsar relatives aux zones humides, etc.), la désertification, la

---

[8] Certains engagements internationaux pouvaient être en décallage avec les coutumes, traditions et gouvernances locales. Sans portage politique de ces engagements dans le pays concerné, la mise en œuvre de ces engagements devait être ajustée aux conditions locales pour éviter les tensions : approche genre dans les sociétés patriarcales, approche participative dans les gouvernances centralisées, etc.

biodiversité et les services des écosystèmes, le concept de solutions fondées sur la nature, le numérique, la transition énergétique, le changement climatique. Autant de sujets passionnants qui alimentèrent de nombreuses journées et nuits de discussions, de débats et de stratégies pour adapter ces nouveaux concepts sur le terrain. D'un autre côté, difficile d'assurer la continuité des projets et de poursuivre un développement durable avec les changements de modes et l'accumulation de nouvelles couches d'engagement si rapides. D'ailleurs, une visite au siège de la FAO (Organisation des Nations Unies pour l'alimentation et l'agriculture) à Rome en 1994 résumait bien la situation : dans le couloir de l'organisation, on pouvait lire sur les portes les unités : « sol », « nutrition », « alimentation », « gestion des risques », « filières agricoles », « intrants agricoles », « femmes et agriculture », et « développement durable ». Est-ce dire que toutes les autres unités précédentes n'avaient pas adopté d'approches durables ? Il m'est en effet arrivé d'exécuter des projets sous la période de gouvernance décentralisée alors que conçus de manière centralisée et qu'ils soient évalués en prenant en compte la dimension genre qui n'était pas incluse lors de sa conception. Du coup, par rapport à la conception initiale, l'évaluation pouvait être excellente. Avec la prise en compte de deux nouvelles « modes » rajoutées en cours d'exécution, il était jugé obsolète, hors sujet, voire honteux, à oublier. Évaluation difficile à entendre pour les équipes qui géraient ces projets.

Aujourd'hui, pour planifier des canaux d'irrigation, en plus des faisabilités techniques et financières, on prend en compte l'impact environnemental, la sensibilité à la culture, les différentes considérations de genre, l'esthétisme paysager, le changement climatique, etc. Bientôt, ne faudra-t-il pas mettre une touche de LGBT, une pincée de wokisme et une annexe conséquence sur l'impact psychiatrique des plantes affectées par le canal, la perturbation psychologique dans la mobilité des batraciens confrontés à la segmentation de leur écosystème par le passage du réseau d'irrigation, avant de décider de faire un canal ? Les futurs cours de génie civil seront prometteurs ! À ce moment, de toute façon, dans beaucoup de pays, au rythme actuel de pressions anthropiques et de changement climatique, il risque de ne plus avoir d'eau pour l'irrigation dans de nombreuses zones.

Attiré par les côtés sociaux et culturels des peuples, je pus m'adapter facilement à la diversité historique, sociale, culturelle et géographique dans les pays en voie de développement. Il suffit d'être curieux et intéressé par les autres pour que l'échange soit mutuellement très riche.

Dans les situations rurales traditionnelles de ces pays, il est alors utile de faire abstraction de ses références antérieures pour découvrir ou redécouvrir, sans juger selon nos référentiels, d'autres mondes et fonctionnements que les nôtres : la magie, l'animisme, les génies, les mécanismes solidaires, les fonctionnements communautaires, les croyances aux shamans, guérisseurs et devins, les fonctionnements de castes chez les hindous, les fonctionnements autarciques et d'autosubsistance, les modes de vie des aborigènes et des peuples itinérants, etc. Cette capacité d'abstraction, je l'ai travaillée, pour vider temporairement les « cases » des références passées, aidé au Laos par la méditation bouddhique. En faisant cette abstraction de nous-mêmes, en découvrant physiquement, et intellectuellement par nos questions, « leur monde », si l'on est respectueux, l'« autre monde » viendra en général vers nous, par respect, par reconnaissance, par la confiance établie, par changement d'attitude. Cela peut prendre des jours comme des années, la patience est la règle, sans a priori attendre un retour. Ce retour, il peut même se concrétiser le jour de l'annonce de notre départ, quand l'émotion les submerge et qu'ils se rendent compte que demain, ils seront « orphelins » d'une dynamique sociale que nous avions construite. J'ai connu cette situation chez les Yumbri et les Akha du Laos, mais aussi à la fin de projets au Laos, en Algérie et au Ghana. Ce qu'ils ne savaient pas, c'est qu'eux-mêmes me laissaient « orphelin » d'un parcours que nous avions vécu ensemble pendant plusieurs années.

En revanche, sans cette abstraction de nos références, nous maintenons inconsciemment un filtre et un agenda de pensées, qui se traduit par une certaine écoute sélective : on retient plus facilement ce que l'on préfère ou que l'on maîtrise, donc certains mots plutôt que d'autres, certains thèmes de prédilection, certaines analyses qui correspondent à notre système de pensée. Cela va alors inconsciemment orienter les échanges vers notre agenda, en s'éloignant de celui de « l'autre ». Il est alors difficile de véritablement entrer dans leur système de pensée pour essayer de comprendre leurs références. Pourtant, parmi ces références, des solutions locales existent souvent, il suffit de les relever et de les faire émerger des échanges. En effet, certains fonctionnements traditionnels sont utiles à étudier et prendre en compte dans les processus de planification, de conception et d'accompagnement de projets. Les mécanismes solidaires, les filets sociaux traditionnels, les systèmes communautaires d'entraide et de prêts, les mécanismes traditionnels de régulation en matière de gestion des territoires, des ressources naturelles et de genre, les systèmes d'héritage matériel et immatériel, les rituels de validation sociale de décision et les gouvernances de gestion des conflits sont particulièrement importants à analyser avant de proposer des solutions alternatives « importées ». Heureusement, dans ce dernier cas, les populations rurales ne nous avaient pas attendus pour leur propre développement. Elles étaient loin de se morfondre en attendant nos trouvailles et allaient pouvoir absorber nos propositions avec un certain recul. En effet, dans les communautés structurées, ces populations disposaient souvent d'un héritage suffisant de savoirs et de mécanismes régulateurs transmis de génération en génération, qui allaient « tamponner » nos ardeurs, faire barrière à la médiocrité de certains projets et dans d'autres cas s'atteler à enclencher positivement de nouvelles dynamiques de développement.

À l'inverse, d'autres mécanismes, traditions et modes de gouvernance, même si les jugements sont subjectifs, sont d'un autre temps, responsables du déclin de certaines sociétés ayant trop tardé à les adapter aux changements. En conséquence, dans la dynamique mondiale, les langues, savoirs, cultures, pratiques, artisanats, architectures de ces sociétés disparaissent rapidement par assimilation, acculturation, syncrétisme et autres processus d'adoption y compris politique et religieux. Cela n'est pas nouveau, l'histoire des relations des peuples le confirme.

Leurs fonctionnements traditionnels peuvent alors devenir, dans un contexte évolutif, des freins à l'adaptation et à l'adoption de nouvelles idées, avec des conséquences critiques quand les communautés atteignent un point de rupture menant à des tensions et des conflits. C'est d'ailleurs, proches de ces points de rupture, que les projets obtiennent souvent les meilleurs résultats en termes de participation, d'attitude et de comportement envers le changement. En effet, c'est lorsque la survie de la société et de son modèle de développement sont compromis que la population est le plus à l'écoute de solutions. C'est là qu'un projet, avec une vue externe, peut jouer pleinement le rôle clé de catalyseur de changement, surtout lorsque la communauté est empêtrée dans son histoire, ses traditions, ses cultures, son carcan social, et que personne de cette communauté n'osera les remettre en question pour changer de modèle de développement. En effet, le risque est souvent jugé trop élevé pour un villageois, si son idée ne fait pas l'unanimité, de se retrouver défié, voire exclu, par le chef de village, le sorcier, le shaman, le guérisseur, le Conseil des Anciens. Par contre, un projet externe peut mettre les pieds dans le plat, on le souhaite même, car il ne fait pas partie de leur histoire, on ne lui en voudra pas si on ne retient pas la solution proposée. Si au contraire la solution proposée est retenue, ça sera une décision de toute la communauté, on ne cherchera pas les coupables ou les gagnants.

Par contre, si le projet arrive alors que le conflit est déjà ouvert dans ou entre communautés, que le point de rupture est déjà entamé, le processus de changement sera beaucoup plus long, car une période de réhabilitation ou d'apaisement social préalable sera nécessaire, pouvant durer plus d'une année. Au niveau des ménages et des individus, lorsque la pauvreté chronique et psychologique, la vulnérabilité ou la marginalisation se sont emparées d'eux, il est souvent nécessaire de prévoir un accompagnement régulier de proximité préalable au développement, visant à leur faire retrouver l'espoir, la confiance, l'estime de soi. Chez eux, le cheminement du développement sera long. Les premières options de développement resteront très restreintes, car finalement, pour beaucoup, le seul acquis sur lequel s'appuyer est qu'ils soient encore en vie : pas de terre, pas d'héritage, pas de capital physique, social et financier, pas d'éducation. Ils sont particulièrement affectés par l'accident, la maladie, le veuvage, la faible force de travail, la vieillesse, ou pris dans la spirale de l'addiction à l'alcool ou à la drogue et même dans la « culture de la pauvreté »[9]. Cette culture de la pauvreté, même si elle ne fait pas l'unanimité chez les anthropologues, elle est documentée au Népal, en Inde, au Bangladesh, mais elle existe aussi dans de nombreux autres pays. Dans les cas que j'ai pu observer sur le terrain, c'est quand le niveau de vulnérabilité et de perte d'espoir arrive à un tel point qu'il va devenir le seul refuge de l'individu ou du ménage, à sa survie. C'est quand l'individu ou le ménage accepte sa condition et que cette condition est reconnue par la communauté à laquelle il appartient que cette dernière va alors lui assurer une aide régulière, l'aumône, les dons, les petits travaux rémunérés de la part du voisinage, du quartier, du temple, de l'église, de la mosquée, de la pagode et de la famille élargie. Pour garder cette aide de la communauté, il faut alors « cultiver » ce statut de vulnérabilité et ne se contenter que des besoins strictement essentiels à la survie. Avec une amélioration de leur situation, ils risquent de perdre leur « statut » et l'aide qu'ils perçoivent. C'est ainsi que nombre de ces familles ne tentent pas « prendre le risque » de répondre à des projets de développement, surtout si ceux-ci durent moins de 3 ans, n'ont pas mis en place des mécanismes spécifiques d'accompagnement de proximité pour ces catégories vulnérables, n'ont pas établi la confiance. En effet, s'ils ne réussissent pas, ou qu'on les abandonne au milieu du chemin, leur condition risque de devenir pire après le projet, avec en plus le fardeau d'un nouvel échec et d'un nouveau point de rupture.

---

[9] L'anthropologue Oscar Lewis a défini (1963) le concept de culture de la pauvreté comme un ensemble de normes et d'attitudes ayant pour effet d'enfermer les individus dans ce qui, à l'origine formé en réaction à des circonstances extérieures défavorables, perpétue en se transmettant de génération en génération l'état de pauvreté quelle que soit l'évolution des circonstances.

Dans les zones rurales où j'ai travaillé, les points de rupture les plus tendus constatés relevaient des questions liées à 1) la viabilité des exploitations suite aux partages par héritage ; 2) la gestion de l'eau disponible suite à des extensions de périmètres irrigués ou de diminution des débits d'eau ; 3) le passage du mode de vie itinérant des sociétés pastorales et des essarteurs au mode sédentaire ; 4) le passage des traditions d'agriculture extensive à l'agriculture intensive ; 5) le mode d'organisation vivrier à celui commercial ; 6) l'acceptation du passage des traditions de guérison (plantes médicinales, sorciers, devins, guérisseurs) au système de santé publique et de la médecine dite « moderne » ; 7) le contexte d'appauvrissement qui favorisait le rachat des terres agricoles des petits exploitants par les familles plus aisées ; 8) les politiques favorisant l'investissement et les contrats d'agriculture et de foresterie commerciales avec de grands groupes, obligeant les anciens petits propriétaires fonciers à devenir ouvriers agricoles saisonniers sur leurs terres et donc vulnérables aux fluctuations de la situation des marchés et de l'emploi ; 9) les déplacements non volontaires de populations en raison de construction de barrages ou d'autres infrastructures d'envergure, surtout chez les peuples animistes dont les croyances aux génies protecteurs de leur territoire ancestral dominent leur choix de vie et l'héritage qu'ils sont censés transmettre aux futures générations.

Ainsi, au gré des pays et de l'évolution des concepts du développement et de la protection de l'environnement, je fus reconnu comme agronome (Somalie et première période au Laos), considéré comme un ethnologue/anthropologue (Laos), un ornithologue (Somalie, Laos, Népal), gestionnaire de projets (Laos, Ghana, Algérie, France), expert en lutte contre la pauvreté (Nations Unies, Népal, Algérie, Ghana), en développement local déconcentré (Laos, Algérie), en suivi-évaluation (Nations Unies, Ghana, France), en suivi de la protection des zones humides (Pays méditerranéens et Sénégal), en chercheur sur les techniques de défriche-brûlis en Asie du Sud-Est (éditions Malcolm Cairn), en développement territorial (Algérie, Maroc), en expert de l'approche Livelihood (Namibie, Népal, Congo, Sénégal, Algérie).

Globalement, toutes ces spécialités, je les faisais converger dans une optique de développement dit « durable », ou plutôt dans la recherche d'un processus adaptatif pour un développement rationnel compatible avec les ressources naturelles, et évolutif en fonction des changements globaux (société, économie, climat, environnement, politique, sécurité). En effet, je constatais qu'il n'y avait en réalité pas grand-chose de durable dans le développement, cela d'autant plus que l'humain, une fois un équilibre atteint, s'évertue à tenter le déséquilibre. La routine l'ennuie. Résoudre un besoin génère un prochain besoin. Une vie sans problème ne crée pas de souvenir ni d'émotion, on n'aura rien à raconter le soir au coin du feu. Les périodes sans émotion ne rentreront pas dans leur histoire et dans l'héritage des tournants de la société. Les études dans les villages indiquent que l'histoire se fait avec les guerres, les conflits ethniques, les razzias, les attaques de tigres, lions et éléphants, les incendies, les épidémies, les famines, les catastrophes naturelles. Les périodes de paix, qui rassurent, ne se justifient finalement qu'entre deux conflits. Ces périodes de paix laissent des vides dans les chronologies écrites ou transmises oralement dans les villages, mairies, pagodes, mosquées et églises. La création de problèmes leur fournit une raison objective de vivre, celle de rechercher des solutions. C'est là qu'un projet apporte sa contribution à rechercher problèmes et solutions, à créer des émotions par la nouvelle dynamique qu'il enclenche, à mettre ensemble des nouveaux acteurs. J'allais m'y atteler avec une « casquette » de développeur et quelquefois avec une « casquette » de « protecteur de l'environnement ».

À ce sujet, il me semble utile d'illustrer, à travers une de mes expériences, la difficulté encore actuelle d'harmoniser les processus de « développement durable » entre les cercles du développement et de la conservation depuis ces 3 dernières décennies. C'est à mon avis un défi majeur pour l'avenir du développement durable, pas encore résolu.

Cette expérience relate les difficultés connues à articuler, sous la même casquette, mes actions en tant que « développeur » et de « protecteur de l'environnement ». En effet, en tant que développeur, mon métier principal, par sensibilité personnelle pour l'environnement, j'avais pu intégrer, souvent au-delà des termes de référence de ma mission, les considérations environnementales du développement durable : études environnementales préalables, protection et gestion des bassins versants liés au financement de périmètres irrigués, modèles d'agroécologie et d'agroforesterie, gestion des déchets, sensibilisation à la protection des écosystèmes et de la biodiversité, etc.

C'est suite à la période d'expertise en suivi-évaluation et création d'observatoires dans le cadre de la lutte contre la pauvreté (Nations Unies, Ghana, Algérie) que je fus amené à mettre en place et à coordonner l'Observatoire des zones humides méditerranéennes à partir de 2009 pour MedWet à la Tour du Valat[10]*. C'est à cette période que je passais d'agent de développement à agent de la protection de l'environnement. Venant du monde du développement, en gros et simplifié, je pensais changer, dans un référentiel similaire au développement durable que je connaissais, les indicateurs de suivi humain (observatoire de la pauvreté) par ceux des oiseaux d'eau, de l'eau et des poissons (observatoire des zones humides). Même si la Tour du Valat avait la ferme volonté d'articuler les résultats de la science avec ceux des suivis écologiques devant servir à informer les décideurs, il fallut se rendre à l'évidence que ce ne serait pas si simple ; je rentrais dans un autre monde du « développement durable ». Il fallut intégrer de nouveaux réseaux scientifiques, techniques et institutionnels, de nouvelles méthodes, de nouvelles logiques et façons de travailler. Ce fut un défi de tous les jours, autant pour l'institution que pour moi. Je*

---

[10] La Tour du Valat (Camargue, France), créée en 1954 par Luc Hoffmann, naturaliste visionnaire et passionné d'ornithologie, a depuis développé son activité de recherche pour la conservation des zones humides méditerranéennes avec un souci constant : « Mieux comprendre les zones humides pour mieux les gérer. ». Cette fondation est maintenant nommée « Institut de recherche pour la conservation des zones humides médirannéennes ». La Tour du Valat développe des projets et des partenariats avec l'ensemble des pays du pourtour méditerranéen (gouvernements, institutions, privés, sociétés civiles, instituts de recherche, universités, financeurs). Elle héberge aussi le secrétariat MedWet, initiative méditerranéenne de la Convention Ramsar.

découvrais de manière opérationnelle les réseaux écologistes, la CBD, les réseaux Natura 2000, IPBES, Ramsar, AEWA, CMS, UICN, WWF, les ministères et représentants de la conservation de 27 pays de la Méditerranée, la méthode DPSIR, l'indice planète vivante, l'indice d'exploitation de l'eau renouvelable, la notion des services des écosystèmes, puis celui des Solutions fondées sur la Nature. Cela me prit deux années de mise à niveau juste pour les connaissances de base, que je réalisais avec un réel intérêt. Cela allait m'aider à consolider mon expérience et mes méthodes pour un développement durable plus « vert ». Cela allait aussi me permettre, ainsi qu'à la Tour du Valat, de consolider des passerelles entre les réseaux développement-conservation et de développer des argumentaires de protection plus attractifs pour les décideurs nationaux. Si, après 25 ans en tant qu'agent de développement, je découvrais pour la première fois des méthodes et concepts de la conservation, je constatais qu'à l'inverse, les agents de la conservation ignoraient celles des développeurs. Nous avions sans doute loupé une grosse étape d'harmonisation entre ces deux réseaux depuis le rapport de Brundtland[11] en 1987.

Si je pouvais rencontrer dans mon travail quelques succès auprès des institutions, ministères et associations impliquées dans la protection de l'environnement dans les différents pays de

---

[11] En 1987, la Commission des Nations Unies sur l'Environnement et le Développement (World Commission on Environment and Development, WCED) publiait le Rapport Brundtland, du nom de sa présidente, Gro Harlem Brundland, et intitulé « Our Common Future ». Ce document est devenu la conception directrice du développement durable tel qu'on l'entend aujourd'hui encore. Le Rapport Brundtland constate que les problèmes environnementaux les plus graves à l'échelle de la planète sont essentiellement dus à la grande pauvreté qui prévaut dans le Sud et aux modes de consommation et de production non durables pratiqués dans le Nord. Il demande une stratégie qui permette de conjuguer développement et environnement. Ce processus est défini par le terme de « sustainable development », qu'on a traduit par la suite par « développement durable » et dont on donne la définition suivante : « Le développement durable est un développement qui répond aux besoins du présent sans compromettre la possibilité, pour les générations à venir, de pouvoir répondre à leur propres besoins » (Site de la confédération suisse (https://www.are.admin.ch/are/fr/home/media-et-publications/publications/developpement-durable/brundtland-report.html).

la Méditerranée, je rencontrais au niveau de l'institution une résistance farouche de la part de certains « scientifiques » de la conservation. Pour eux, les « généralistes » ou « vulgarisateurs » de la conservation étaient des « merdes ». Venant du cercle des développeurs, j'étais une « sous-merde », je faisais partie des ennemis de la nature. Chez eux, en Camargue, j'allais garder ce « statut » peu envieux pendant 9 années. Ils m'ignorèrent et me tolérèrent par défaut que par le fait que le département que je gérais n'impactait pas leur travail, que j'avais obtenu un doctorat et que j'avais un atout par rapport à eux : j'avais une expérience internationale et savais parler aux décideurs en français et en anglais dans les pays de la Méditerranée. Petit lot de consolation mes deux prédécesseurs à ce poste avaient tenu moins de 3 ans.

Les réseaux ornithologues étaient particulièrement soudés pour faire de la résistance à une approche globale de protection-développement. Pour beaucoup d'entre eux, l'humain est responsable de la dégradation écologique (ce qui n'est pas faux), les politiques ne prennent pas toujours de bonnes décisions pour l'environnement (encore pas faux), du coup ils se cantonnent, ou confortent, dans les aires protégées peu ou pas habitées. Pourquoi ? Puisque c'est justement les hommes qu'il faut influencer, surtout dans les territoires habités impactés par les dégradations. Ils prennent des données sur la biodiversité et les écosystèmes sans chercher à analyser les causes à effets liés aux humains (donc résultats de suivis peu utiles pour les décideurs). Ils élaborent dans leurs cercles de la conservation des articles scientifiques, souvent inaccessibles et incompréhensibles pour les développeurs et les décideurs[12]*, sans chercher à les*

---

[12] d'autant plus que finalement, les données scientifiques participent, selon les analyses, qu'à 9-15 % des facteurs d'influence politique. D'autres analyses indiquent que les lobbies, les manifestations et revendications sociales d'envergure, les conditionnalités liées à des financements, les rapports d'études, les articles de presse et les réservoirs de pensées (Thin Tank) influencent globalement plus que les résultats de la recherche. Mais bon, chacun dans son rôle pour assurer la complémentarité. Sources : CRIST « L'utilisation des recherches scientifiques dans la formulation des politiques publiques : obstacles et opportunités » (2023) ; CRDI, « L'impact de la recherche sur les politiques

vulgariser et à les communiquer auprès de ceux à convaincre : les politiques, les agents de développement et le grand public. Il en résulte une forte déperdition d'information et une faible performance et utilité des données de suivi pour influer sur les décisions.

Mais revenons au monde de la recherche chez les ornithologues. Leur passion me confirmait l'expérience que j'avais eue avec les ornithologues professionnels anglophones au Népal (sites de Koshi Tapu) et au Kenya-Tanzanie (sites de Naivasha, Baringo, Manyara, Ngoro Ngoro), qui restaient entre eux et n'avaient retenu de ces pays que des noms d'oiseaux ! Dans ces lieux extraordinaires, ils étaient passés à côté des temples, de la culture hindoue, des paysages et atmosphères de savane, des randonnées dans l'Himalaya ou sur le Kilimandjaro, de la visite des cités traditionnelles de Katmandu, Patan et Baktapur, des cérémonies à Bodnath, de la musique swahélie, etc. Écologiste de la première heure, le « clan » ornithologique est peu communicatif et vit dans une logique : « les oiseaux et le reste du monde ». Drôles d'oiseaux en effet que ces ayatollahs de la jumelle. Je ne suis pas arrivé à leur faire prendre conscience que pour accélérer les décisions politiques en faveur de l'environnement y compris des oiseaux, et intéresser nos stagiaires à la cause ornithologique, il ne suffisait pas de se gargariser de « coches » au coin café suite à leurs observations. Il fallait aussi être capable d'analyser les tendances dans un contexte global, proposer des solutions politiquement attrayantes pour mieux les protéger, identifier et communiquer les expériences réussies, expliquer aux non-ornithologues, de manière pédagogique et humoristique, la particularité de l'oiseau : mode de vie, migration, anecdotes. Et, plus important, de tenter, par respect de l'échange, de s'intéresser un minimum à ce que font les non-ornithologues dans le puzzle du développement durable. J'en venais à la conclusion que par leur comportement, leur cloisonnement et leur incapacité à diffuser des messages d'optimisme, des « success stories » et des

---

et les pratiques en matière de développement » (2011), Kenneth Wiltshire « Scientifiques et décideurs : vers un nouveau partenariat » (2001) *solutions, ils étaient en partie responsables de la « fatigue écologique » et par conséquent de la poursuite du déclin des écosystèmes et de leur biodiversité. J'étais désolé pour les oiseaux, car j'ai toujours été passionné par leur observation depuis mon plus jeune âge. Après quelques années à la Tour du Valat, j'en prenais mon parti et préférais conserver mon statut « d'ornithologue amateur » ; ils ne surent jamais que j'avais déjà écrit 2 livres sur les oiseaux (Somalie et Laos) et que j'avais déjà observé plus de 1150 espèces d'oiseaux.*

C'est lors de cette expérience de neuf années, qui couvrait 27 pays de la méditerranée, que j'eus la confirmation regrettable que le « développement durable » n'était pas gagné. C'était un échec, dont je faisais partie, et je venais d'en connaître une nouvelle cause : les cercles du développement et de la protection de l'environnement restaient, en réalité, encore fortement segmentés : institutions, méthodes, terminologies, aires protégées/aires non protégées, mécanismes de financements, etc.) On ne parlait pas toujours le même « langage » du développement durable. À plus haut niveau, cette segmentation est aussi liée en partie et historiquement aux problèmes d'articulation, d'intégration et de conditionnalités entre développement et conservation : les Objectifs de Développement du Millénaire puis les Objectifs de Développement durable (OMD/ODD) et la Convention de la diversité biologique (CBD), les deux conventions « chapeau » du développement et de la conservation. Pourtant, au Sommet mondial de Johannesbourg[13] sur le développement durable en 2002, certains décideurs avaient tenté de proposer la fusion des accords OMD et CBD

---

[13] Le Sommet mondial pour le développement durable, 30 ans après Stockolm et 10 ans après Rio, était considéré, suite au constat du relatif échec de l'agenda 21, comme l'utime occasion de réconcilier le développement et l'environnement pour un développement durable. Les représentants ont discuté et adopté une Déclaration politique et un Plan de mise en œuvre de dispositions qui portent sur un ensemble d'activités et de mesures à prendre, afin d'aboutir à un développement qui tienne compte du respect de l'environnement, avec des engagements spécifiques sur l'eau, l'énergie, la santé, l'agriculture et la diversité biologique. C'est à l'ouverture de ce sommet que le président Chirac avait eu cette phrase historique « Notre maison brûle et nous regardons ailleurs ».

pour accroître les leviers de conditionnalités environnementales aux cibles de développement. Cette situation remontait en fait au Sommet de Rio (1992)[14]*, lorsque l'on apprit dans les archives, 20 ans plus tard, que les décideurs de la planète s'étaient arrangés, à l'amont du Sommet, par l'appel d'Heidelberg, pour confier l'environnement aux scientifiques, et donc le plus souvent dans les aires protégées (environ 10 % des surfaces à cette période), ce qui revenait à dire de maintenir le développement pour les acteurs socio-économiques (agronomes, économistes, sociologues, vulgarisateurs, acteurs de la santé, de l'éducation, de la recherche, etc.), les multinationales, les institutions et lobbies financiers, dans les 90 % des surfaces restantes (Article du Canard enchaîné, « Fume, c'est du rationnel, 20 juin 2012)*[15]*. Dit autrement, on avait décidé d'occuper les scientifiques à apporter leur caution scientifique à la cause environnementale, en réalisant leurs études, doctorats et articles dans des zones protégées (le plus souvent des zones avec peu d'enjeux de développement socio-économique), pendant que l'on continuait à mettre en œuvre les modèles de développement de type « capitaliste » sur 90 % de la planète.*

D'un autre côté, je reconnaissais pleinement que l'environnement a le plus souvent servi de variable d'ajustement aux modèles de développement et que les déclarations politiques

[14] Réunissant des dirigeants politiques et des organisations non gouvernementales de 179 pays, ce grand raout onusien avait notamment pour enjeu « d'engager ensemble les pays riches et pauvres sur la voie du développement durable », respectueux de l'environnement et en mesure de garantir des conditions de vie décentes à tous. « Les recettes censées conduire l'humanité vers ces lendemains radieux, écrivait l'envoyé spécial Suren Erkman, se trouvent dans quatre documents laborieusement négociés : la convention-cadre sur le climat, la convention sur la biodiversité, la Déclaration de Rio et l'Agenda 21, un plan d'action pour le XXIe siècle. »

[15] Dans l'article (N° 4782, 20 juin 2012), on lisait « A la veille du Sommet de la Terre de Rio, le 1er juin 1992, coup de tonnerre : des centaines de scientifiques signent l'appel d'Heidelberg, qui fera grand tapage, et sera adopté par 2500 scientifiques… dont 70 Prix Nobel. Leur message ? Il faut se méfier des écologistes, car ils sont mus par une "idéologie irrationnelle qui s'oppose au développement scientifique et industriel". D'accord pour un zeste d'écologie, donc, mais une écologie scientifique.

et les effets d'annonce en faveur de l'écologie passaient régulièrement à la trappe lorsque les revendications sociales sur l'emploi, le pouvoir d'achat et la lutte contre la pauvreté commençaient à se tendre. Le dernier exemple en date en France (mais aussi dans le reste de l'Union européenne), sous le gouvernement Attal, le report de nombreux engagements relatifs aux pesticides et à la conduite plus écologique des parcelles agricoles suite aux revendications agricoles de février 2024. Plus globalement, on sait déjà depuis plus d'une décennie que chaque jour retardé dans le respect des engagements climatiques, écologiques et énergétiques se traduit par des pertes économiques de plus en plus importantes[16]. L'état de la planète, que ce soit le sol, le sous-sol, l'eau douce, la mer et l'air est devenu catastrophique, une vraie poubelle à gérer par les futures générations. Je ne m'étendrais pas sur ce sujet, car il y aurait beaucoup à dire.

2. Les grandes étapes en 40 ans de recherche - développement et de protection de la nature

Dans la période 1984-2024, j'ai pu vivre différentes périodes contextuelles de travail dans le secteur du développement rural dans les pays en voie de développement : 1984-90, 1990-2000, 2000-2015, 2015-2024. Sur cette période, le monde a fortement changé, en conséquence de l'empreinte de plus en plus marquée par l'Anthropocène, cet âge où les humains sont devenus une force majeure à l'origine de changements planétaires. À ce

---

[16] https://www.geo.fr/environnement/climat-une-transition-retardee-aurait-cout-considerable-economie-francaise-avertit-ademe-1100-milliards-dollars-217836
https://www.euractiv.fr/section/energie-climat/news/rapport-parlementaire-la-france-prend-du-retard-sur-son-action-climatique/
https://www.lesechos.fr/monde/enjeux-internationaux/transition-energetique-le-retard-alarmant-des-pays-en-developpement-1959186
https://www.who.int/fr/news-room/fact-sheets/detail/climate-change-and-health

propos, il est intéressant de noter l'extrait suivant de l'avant-propos du dernier rapport international des Nations Unies[17].

« Nous vivons des temps incertains. La pandémie de COVID-19, aujourd'hui dans sa troisième année, continue de donner naissance à de nouveaux variants. La guerre en Ukraine a des répercussions partout dans le monde, causant d'immenses souffrances humaines, y compris une crise du coût de la vie. Chaque jour, de nouvelles catastrophes climatiques et écologiques menacent la planète. Il serait dangereusement tentant de considérer ces crises comme des évènements ponctuels et d'espérer simplement un retour à la normale. Mais éteindre le dernier incendie ou se débarrasser du dernier démagogue est un combat sans fin si nous ne prenons pas acte du fait que le monde est radicalement en train de changer. Il n'y a pas de retour en arrière possible. Les couches d'incertitude s'accumulent et interagissent pour bouleverser nos vies de façon inédite. Certes, l'humanité a déjà connu les maladies, les guerres et les dérèglements climatiques. Mais la convergence de pressions planétaires déstabilisantes, d'inégalités croissantes, de transformations sociales radicales visant à alléger ces pressions et d'une polarisation généralisée génère des sources d'incertitude nouvelles, complexes et interactives pour la planète et ses habitants. Une nouvelle normalité s'esquisse et le Rapport sur le développement humain 2021/2022 "Temps incertains, vies bouleversées : façonner notre avenir dans un monde en mutation" vise justement à la comprendre et à y répondre. Il s'agit du troisième et dernier volet d'une trilogie de rapports regroupant le Rapport 2019 sur les inégalités et le Rapport 2020 sur les risques liés à l'Anthropocène - cet âge où les humains sont devenus une force majeure à l'origine de changements planétaires dangereux. Il y a trente-deux ans, le tout premier Rapport sur le développement humain affirmait non sans audace que "les individus [étaient] la véritable richesse d'une nation". Depuis, ce puissant précepte a toujours guidé le PNUD et éclairé

[17] RAPPORT SUR LE DÉVELOPPEMENT HUMAIN 2021/2022 - PRÉSENTATION. Temps incertains, vies bouleversées : façonner notre avenir dans un monde en mutation. PNUD.

ses Rapports sur le développement humain, et ses messages et sa portée ont pris une dimension de plus en plus forte au fil des ans. Partout dans le monde, les personnes nous confient qu'elles se sentent de moins en moins en sécurité. Le Rapport spécial du PNUD sur la sécurité humaine publié au début de cette année révèle que six personnes sur sept dans le monde se sentaient en insécurité dans de nombreuses dimensions de la vie avant même la pandémie de COVID-19.
Comment s'étonner alors que de nombreux pays craquent sous la pression de la polarisation, de l'extrémisme politique et de la démagogie - des phénomènes exacerbés par les réseaux sociaux, l'intelligence artificielle et autres technologies puissantes ? Ou que, dans un incroyable revirement, le recul de la démocratie au sein des pays soit devenu la norme plutôt que l'exception, ce en dix ans seulement ? Ou encore que, pour la toute première fois, la valeur de l'indice mondial de développement humain ait baissé pendant deux années consécutives dans le sillage de la pandémie de COVID-19 ? »

La période 1984-1990

Les conditions de vie

Dans cette période d'avant les années 90, les conditions de vie dans les zones rurales des pays en voie de développement n'étaient pas celles d'aujourd'hui. En tant qu'expatrié, surtout lors d'un premier poste, les différences entre les pays développés et les pays du « Tiers-monde » provoquaient facilement un choc, y compris culturel, au-delà des barrières linguistiques. On était encore dans l'ambiance de la guerre froide. Le passé colonial et l'appui américain ou celui de l'URSS créaient, selon les pays, des situations de méfiance envers les étrangers. Les expériences passées de mélange de cultures ne concernaient souvent que la capitale de ces pays, mais les croyances et coutumes traditionnelles restaient encore très ancrées dans les zones rurales. Les systèmes de communication se résumaient à des formats papier, des télégrammes, des fax et quelquefois des contacts téléphoniques dans des cabines publiques à la poste.

Cela nous convenait, c'était la norme. À travers la valise diplomatique des Ambassades et des Nations Unies, nous avions toutefois quelques avantages pour le courrier et les colis, toujours appréciés à la période de Noël. Par la poste, le courrier mettait plusieurs semaines pour arriver. Les services d'eau et d'électricité étaient aléatoires, avec leurs lots de coupure, de variation de pression qui éclatait les tuyaux et de voltage qui grillait nos rares équipements électriques, d'où l'achat d'ondulateurs/stabilisateurs. Nous gérions l'espace habitable avec une gestion inlassable contre les blattes (cafards), les rongeurs, les moustiques, les fourmis et selon les pays, les scolopendres, scorpions, araignées, reptiles, singes verts, macaques, mangoustes. Il m'est arrivé de plonger les quatre pieds du lit dans des bassines de gasoil comme répulsif, pour éviter la remontée nocturne des insectes et arachnides. Les moustiquaires servaient à la fois à se protéger des moustiques et autres insectes et de protection en cas de chute de reptiles, rongeurs, insectes et arachnides lors de leurs parties de chasse nocturne dans la sous-toiture. Devant les incertitudes et quelquefois l'inconnu, on apprenait rapidement à se déplacer en zones rurales avec des réserves de fuel, d'eau, un filtre céramique à eau, des pastilles de purification d'eau, des réserves de sardines, une pierre noir antivenin, une trousse de secours et de médicaments dont la nivaquine, l'intetrix et l'ercefuryl, la boussole, les cartes routières disponibles, les outils pour réparer et changer les roues, deux roues de secours, des cordes, fils de fer pour les rafistolages d'urgence, le savon de Marseille pour colmater temporairement des fuites de radiateur, les duvets, couvertures et moustiquaires. Selon les pays, il fallut faire attention à la gestion de l'eau pour la rendre « potable » et s'adapter à des nourritures que l'on ne trouvait pas dans nos manuels de gastronomie française : riz charançonné, viande de dromadaire, lait caillé et acide fumé au charbon de bois, plats de fourmis, grillons et têtards, grillade de chauve-souris, brochettes de rats, viande de brousse séchée, poissons partiellement séchés et fumés à fort parfum d'ammoniac, etc.

La notion d'humour était toute relative dans certains pays, il fallut rapidement s'en passer pour ne pas passer pour des

« gogols ». Nous devions nous adapter à ne plus voir régulièrement notre famille et nos amis, mettre temporairement de côté nos références de culture (cinéma, théâtre, musées, conférences, etc.) et de sport (pas de stade, salles et sentiers aménagés). La notion de loisir n'existait encore pas dans ces pays. Il n'était donc pas toujours facile de trouver des sujets communs d'intérêt avec les locaux en dehors des relations professionnelles. Toutefois, quel que soit le pays, nous tombions toujours d'accord sur un sujet : « la bouffe ». Ayant fait mes études à la capitale de la gastronomie française (et même mondiale depuis 1935), Lyon, j'avais une référence sérieuse pour constater que les pays mettaient autant de passion que la France à organiser et préparer des repas et faire connaître leur « gastronomie » locale. Dans tous les projets, ce fut sans doute l'activité la plus réussie, pour laquelle tout le monde était toujours disponible et qui ne connut aucun retard. On relevait des contributions volontaires des hommes et des femmes à la réussite de l'évènement, souvent supérieures à celles des activités professionnelles que nous leur proposions. Dans l'évaluation de beaucoup de formations, la qualité des repas se hissa dans certains cas au sommet des scores. Quelques mois après, les participants à ces formations se rappelaient encore des repas, plus difficilement du thème de formation. À l'inverse, si la nourriture n'était pas au rendez-vous, toute l'évaluation de la formation en pâtissait, c'était un échec global, on repartait déçu, on en prenait note pour la prochaine formation.

On allait aussi devoir apprendre un minimum de langue locale ou passer par une autre langue internationale pour communiquer. Ayant appris l'Allemand et le Russe lors des études, c'est dans ces pays que j'appris l'Anglais, et, pour les communications orales de base, les langues somalienne et laotienne. Que ce soit en Asie ou en Afrique, on se renseignait sur les cultures, croyances et traditions rurales pour éviter ou au moins limiter les situations d'impair, qui pouvaient devenir embarrassantes, voir conflictuelles : façon appropriée de se tenir, manger avec la bonne main dans les plats communs, logiques de pensée, relation entre les hommes et les femmes, équité de travail et d'échange entre les ethnies et les clans concernés par le projet, sujets sensibles à éviter, interdits concernant le toucher des choses et la gestion de l'espace, etc. La question sécuritaire restait une préoccupation quotidienne, soit que le pays présentait une situation d'insécurité particulière (Somalie et République Démocratique du Congo par exemple), qu'il faille connaître les « codes » et les quartiers, heures et façons de se déplacer pour ne pas se faire dépouiller (Tanzanie, Kenya par exemple), qu'il soit préférable de griller les feux rouges le soir en ville pour éviter les « car jacking » (Nairobi, Harlem, Bronx par exemple), soit gérer la sécurité de la maison la nuit (Tanzanie, Laos par exemple), ou tout simplement se prémunir de certains risques dans des pays ou les services de santé et d'urgence laissaient à désirer. Au total, malgré les pays considérés à risque où je travaillais (Somalie avec les conflits ethniques et les pirates, dans le Triangle d'Or au Laos, en période maoïste au Népal, juste après la décennie noire en Algérie et en RDC à la frontière du Soudan avec des incursions de groupes et mercenaires armés), je dois dire que la question sécuritaire ne m'a jamais empêché de travailler. En Algérie, ce sont les collègues algériens qui avaient peur pour moi lorsque je partais seul en week-end, alors que je n'ai jamais vécu de situation d'insécurité et de vol pendant les 3 ans de résidence. Je connus plus de situations sévères d'insécurité avec des accidents de voiture et de moto (Laos et Ghana) et avec les animaux : lionne, requin blanc, scolopendre et cobra cracheur en Somalie, moustiques (paludisme et dengue) en Somalie, à Madagascar, au Laos et au Ghana, et tiques (maladie de Lyme) au Laos. En fait, chaque expatrié travaillant en zones rurales[18] des pays en voie de développement percevait les nouvelles conditions de vie selon ses propres référentiels, jugements et appréhensions des risques et des dangers. Les plus frileux avaient tendance à se réfugier derrière les consignes de leur ambassade pour décliner une mission à l'étranger ou une mission sur le terrain.

[18] Pour les expatriés basés à la capitale, y compris dans les cercles d'Ambassade et de consulat, les conditions étaient différentes, les services urbains étant plus développés.

Pour certains, la notion de bien-être dans ces pays était perturbée soit par l'absence de soutien familial, la nourriture, le confort de vie, la sécurité, les relations hommes-femmes. Ces barrières arrivèrent souvent dans la durée, par effet d'accumulation. En Somalie, rêver de gratin dauphinois, de foie gras et de saucisson devant l'éternel plat de riz charançonné nous devenait insupportable. Pour moi, en dehors de certaines périodes de « blues » en raison de l'éloignement de la famille et des amis, les deux seules réelles barrières locales quelquefois mal vécues dans les zones rurales[19] où je travaillais, ce fut surtout de vivre sans avoir recours à l'humour pendant plusieurs années dans les zones rurales de certains pays (Somalie et Laos uniquement), et d'arriver à des points de rupture suite à plusieurs années de misère gastronomique (Somalie et Ghana). De manière plus spécifique, le zèle parfois excessif de « contrôle » et de « flicage » des citoyens, associations et expatriés, motivé par la gouvernance de certains pays (Maroc surtout, mais aussi Laos et Vietnam) finissait par lasser, fatiguer et rendre dans certains projets l'ambiance de travail délétère. C'est pour cela que je refusais les missions en Chine. Toutes les autres considérations indiquées au-dessus ne m'ont jamais vraiment gêné, elles étaient largement compensées par ce que j'allais découvrir et partager avec ces peuples : les différentes richesses de cultures, d'histoires et de traditions, la musique, la danse, la joie de vivre, les cérémonies et rituels profanes et religieux, les soirées d'échange dans les villages, les espaces paysagers, la notion de découverte et d'aventure, les plages de cocotiers, les parfums tropicaux et du désert, la faune locale, les situations anachroniques, etc. Après 40 ans, je reste toujours curieux et intéressé par cette diversité du monde, même si les conditions de vie et de travail dans ces pays ont bien changé. En effet, à partir du milieu des années 90 et surtout après l'an 2000, les conditions logistiques et de communication, les services sociaux, économiques et administratifs, la dynamique de « standardisation » des méthodes et des concepts ont amélioré le « confort » de vie et de travail. En même temps, les espaces de

[19] En zones urbaines et en particulier dans les capitales, on trouvait presque toujours des cercles pour partager l'humour et des restaurants variés.

découverte et d'aventure se sont réduits, l'urbanisation a fortement progressé, la standardisation et l'intensification de modèles de développement ont réduit les diversités humaines, culturelles, agraires, écologiques.

Le contexte de travail

En matière de développement agricole et rural, suite à la période coloniale, après le démarrage de la révolution verte, des grands travaux de protection des sols et des bassins versants et des programmes de reforestation en Afrique surtout, on poursuivait globalement les objectifs visant à la reconstruction et à la mise à niveau des infrastructures et des services des pays du « Tiers monde ». Ces pays étaient classés selon leur PIB/hab., leur accès ou non à la mer (*landlocked countries*[20]), puis après 1990 selon l'Indice de Développement Humain (IDH), un des critères sur lequel est basé l'accès à l'aide internationale. Le processus d'industrialisation démarrait depuis le début des années 60 dans ces pays. En parallèle, plusieurs réflexions et initiatives démarraient en matière de développement humain, d'environnement, d'approche intégrée, de développement décentralisé, etc. Beaucoup de pays étaient préoccupés dans leurs plans quinquennaux par la sécurité, y compris alimentaire, par la construction ou la reconstruction physique des infrastructures publiques et par la consolidation politique pour les pays anciennement colonisés. Les budgets internationaux étaient conséquents, quoique moindres que ceux prévus dans les accords internationaux (0,7 % du revenu national brut [21](RNB) des pays

[20] Dans les années 80, les Nations unies avaient classé 32 pays sur les 44 sans accès à la mer dans les pays les moins avancés. Ces pays bénéficiaient d'un quota d'aide supplémentaire pour compenser ce désavantage géographique qui jouait contre leur économie (commerce international, pêche, tourisme balnéaire, etc.).

[21] Les recherches et discussions sur ce pourcentage de 0,7 % du RNB remonte à 1955. Les accords furent ensuite discutés dans le cadre des Conférences des Nations Unies sur le Commerce et le Développement (CNUCED) en 1964 et 1968. Au départ estimé à 1 %, elle descendit aux niveaux de 0,75 %. La Commission Pearson a tenté de redynamiser cet engagement international en fixant à 0,7 % du produit national brut (PNB) l'aide au développement des pays industrialisés vers les pays à faibles et moyens revenus à partir de 1975. Ce

développés pour l'aide au développement. En effet, cet engagement financier ne fut respecté que par peu de pays, comme les pays scandinaves et le Luxembourg. Ils aidaient surtout les pays pour l'infrastructure sociale et économique (routes, hôpitaux, adduction d'eau, école, périmètres d'irrigation, etc.).

Les organismes de financement suivaient plutôt une optique de rémunération du capital (productiviste) que de rémunération du travail. En fait, dans cette période de construction des infrastructures, en dehors des zones impactées par la révolution verte et les grands projets étatiques, soutenus par les institutions internationales comme la Banque mondiale et la FAO, les processus productifs et économiques ruraux se poursuivaient dans les « pays du Tiers Monde » selon les logiques rurales traditionnelles. La planification étatique restait principalement centralisée et sectorielle, l'expertise internationale était surtout technique (agriculture, BTP, irrigation, éducation, santé, etc.). Toutefois, les multinationales des pays industrialisés continuaient à se développer rapidement, depuis les années 60, pour dominer l'ensemble des filières du marché de l'agroalimentaire, des pesticides, des semences, de l'énergie. De nombreux mouvements contre les multinationales émergèrent à partir de 1970, en réponse au déclin du petit commerce et de l'agriculture familiale, à l'accélération de la déforestation, des pollutions, de l'exploitation des ouvriers y compris des enfants dans les pays du « Tiers monde ». On continuait à rendre économiquement dépendants les grands et petits agriculteurs de variétés hybrides, d'engrais et de pesticides, causes de la perte de nombreuses variétés traditionnelles, de pratiques et de savoirs ancestraux transmis entre générations, très souvent de manière orale. Avec les nouvelles législations plus contraignantes en matière de santé, d'alimentation et de pesticides dans les pays développés, on recensa plusieurs cas ou on refourgua en Afrique les stocks de produits interdits, invendus ou presque périmés, où le cadre législatif allait prendre plusieurs années à adopter ces nouvelles normes. La Chine et la Russie, elles, allaient

chiffre a été ensuite repris par les Nations Unies, sans qu'il soit contraignant. Ce chiffre est encore d'actualité en 2024.

approvisionner aussi de nombreux pays en Asie et en Afrique, en médicaments, pesticides et aliments dont la composition, l'origine et le dosage étaient au mieux, incomplets, au pire, inconnus. Ces pratiques allaient se poursuivre et se perfectionner pour déjouer les réseaux officiels et les lois de ce pays, elles sont encore dénoncées en 2024. En même temps, certains pays industrialisés, les USA, largement en tête, raflaient le maximum d'espèces et de variétés traditionnelles (ressources génétiques) dans différents pays, qu'ils allaient conserver sans partage dans leur banque de gènes. Ce n'est que quand ils jugèrent avoir moissonné suffisamment large et que les revendications des Pays du Sud à partir du Sommet de Johannesbourg[22] portaient sur la demande d'un cadre international et non plus bilatéral de l'accès et du partage juste et équitable des bénéfices des ressources génétiques que certains pays ratifièrent le traité préparé par la FAO sur les ressources phytogénétiques qui rentra en vigueur en 2004.

À cette période, le Programme international de planification familiale, démarré dans les années 1960, gagnait du terrain à partir des années 70 et notamment des années 80, pour permettre aux familles le choix d'avoir ou non un enfant (mesures contraceptives, droit à l'avortement, sensibilisation, etc.). Je n'étais pas directement impliqué par cette activité, mais m'y intéressais, car elle était aussi liée à l'accroissement démographique rapide en raison de l'amélioration des systèmes de santé, et au défi alimentaire. Durant ces trois décennies, la planification familiale a constitué le fer de lance des soins de santé de base. À partir de 1994, la planification familiale s'inscrivit dans le concept élargi de la Santé reproductive autour de trois volets : la planification familiale, la santé maternelle et infantile et les Infections sexuellement transmissibles/Sida. La Chine allait être le seul pays ayant adopté la politique de l'enfant unique, à partir de 1979, jusqu'en 2015.

---

[22] https://books.openedition.org/irdeditions/2315?lang=fr
https://www.persee.fr/doc/reden_1283-8446_2005_num_9_3_1794

Parmi les défis de cette période en zone rurale, on notait la désertification, la déforestation vivrière (bois de feu, charbon de bois) et commerciale (bois), l'érosion et la perte de fertilité des terres agricoles, l'accélération de l'extraction d'eau par forage qui remettait en cause les modes de gestion des troupeaux en zones pastorales (en particulier au Sahel et en Afrique du Nord). C'est à la fin de cette période que, suite à des résultats d'études, on pressentait de plus en plus de variations climatiques. Le GIEC (groupe d'experts intergouvernemental sur l'évolution du climat) fut créé en 1988, en vue de fournir des évaluations détaillées de l'état des connaissances scientifiques, techniques et socio-économiques sur les changements climatiques, leurs causes, leurs répercussions potentielles et les stratégies de parade.

La période 1990-2000

À partir des années 80, jusqu'à la fin des années 90, ce fut une période très riche de développement d'approches, de méthodes et d'outils participatifs du développement dans le cadre international, prenant progressivement en compte l'élément humain et les ressources des territoires dans les décisions de développement (approche terroir, approche humaine, arbre à problèmes et solutions, SWOT (forces, faiblesses, opportunités, menaces), PRA (évaluation rurale participative), RRA (évaluation rurale rapide), PSR (Pression-Etat-Réponse), etc.). L'approche participative permit des débats intéressants et des avancées significatives en matière de planification, de connaissance de terrain, de relation entre les populations et les experts. Il fallut faire rapidement évoluer le concept de la participation opérationnelle vers celles institutionnelle, organisationnelle, managériale. En effet, au départ, l'approche participative était souvent comprise ou traduite sur le terrain en participation volontaire des populations aux travaux communautaires d'infrastructures et en participation à des réunions de concertation. Je me rendis compte rapidement que cette vision ne « développait » aucunement ces populations. Même si dans certains cas, ce type de participation générait indéniablement une certaine fierté et un relent de solidarité au niveau des populations, elle provoquait souvent un effet

« décapitalisant » chez les ménages pauvres contribuant gratuitement aux réunions diverses et à des travaux collectifs, dont le résultat allait surtout bénéficier aux catégories moyennes et riches. Ainsi, je privilégiais, dès 1991, les participations institutionnelles, organisationnelles et managériales, qui incluaient au final le développement humain, la formation, l'accompagnement, la capacité d'adaptation au changement, avec plus d'équité.

Parmi les méthodes de diagnostic, d'analyse et de gestion de projets ruraux développés dans cette période, après les avoir testés, je les adaptais à chaque contexte. Pour les projets ruraux intégrés, je privilégiais dans tous les cas où c'était possible, le diagnostic humain et territorial intégré selon un processus ouvert et ascendant. Pour l'approche humaine, je partais du plus bas échelon possible (ménage et intraménage, à travers des enquêtes ménages aux questions ouvertes). C'est à cet échelon que je pouvais capter la plus forte diversité de situations, les vrais besoins spécifiques à chaque groupe en développement privé (choix de chaque famille) et leurs niveaux d'acquis sur lesquelles bâtir une stratégie de développement.

Bien sûr, ce choix intégré, ascendant et ouvert ne fut pas toujours possible, car de nombreux projets ou programmes devaient répondre à des objectifs précis comme le développement de l'agriculture, de l'élevage, des activités génératrices de revenus, etc. qui influençaient les questions et les réponses. En conséquence, dans le meilleur des cas, on ciblait bien dans le projet ceux vraiment intéressés par l'objectif et qui pouvaient le prouver. Mais dans la majorité des cas, une partie de la population des villages concernés par le projet allait s'adapter, au moins temporairement, aux actions du projet, même si elles n'allaient pas répondre directement à leurs besoins immédiats. Chez ces ménages, on restait dans le domaine de « l'intention », mais les « preuves » n'allaient pas toujours se concrétiser après la période de subvention du projet. Dans d'autres cas, les objectifs retenus du projet confortaient le secteur de chaque expert venu en identification de projet. Je connus ainsi quelques projets aux objectifs calqués sur l'addition de diagnostic sectoriel de chaque expert (agriculture, élevage, microcrédit, éducation, AGR, etc.), alors qu'une approche ouverte, ascendante et neutre en début de formulation aurait clairement montré qu'aucun de ces secteurs d'expert n'était la priorité pour la population. On allait leur faire perdre du temps et « forcer » leur intérêt et leur participation à coup de fortes subventions.

C'est avec l'approche anglo-saxonne : « Livelihood »[23], élaborée par le DFID (Département britannique du Développement International) en 1997, que je pus obtenir les meilleurs résultats. Elle me permit par exemple d'établir avec précision les groupes de moyens d'existence d'un territoire, avec leur pluriactivité économique et leur stratégie de développement respective. Il faut rappeler qu'à la différence des pays développés, l'économie informelle en zone rurale dans les pays en voie de développement représentait à cette période souvent plus des deux tiers de l'économie des ménages. Cette économie n'était pas comptabilisée officiellement et rarement prise en compte dans les planifications de projet. Alors que les statistiques nationales classaient, administrativement, les ménages résidents selon des fiches métiers du chef de famille : « agriculteur », « salarié », « commerçant », etc., l'approche livelihood me permettait de comprendre la réalité économique et productive de terrain. Elle était le fruit d'une forte pluriactivité de l'ensemble des membres du ménage en situation de travailler, regroupant jusqu'à 20 sources de production, de revenus et de coûts évités par ménage : culture, élevage, produits forestiers, travaux saisonniers, salaires, pensions nationales et étrangères, artisanat, location de maisons ou services, subventions d'état, aide en finance ou en nature d'un membre expatrié, héritage, produits gratuits de la pêche, de la chasse, de la cueillette, de la collecte de bois de feu, de bois de construction, de pierre, sable et gravier, etc.). Ces sources de production et de revenus étaient

[23] L'approche « Livelihood », traduite par « Moyens d'existence », se base sur l'analyse des capitaux (humain, social, financier, physique et environnemental), leurs interactions et les liens entre les stratégies des ménages/communautés/régions/pays et les considérations institutionnelles et politiques qui les orientent. L'approche s'appuie sur une logique d'acquis (positifs) et d'impacts.

générées dans ou à l'extérieur du territoire de résidence. Ainsi, dans de très nombreux cas, leur réelle stratégie de développement ne se basait pas sur leur métier officiel, mais sur les activités économiques que les ménages jugeaient les plus intéressantes à développer, d'où un décalage entre les solutions proposées par les projets (se basant sur les fiches officielles métiers), et les solutions réellement souhaitées par les ménages. Ainsi, je fus témoin de nombre de projets dans lesquels les populations avaient accepté de participer à un projet non prioritaire pour eux, d'un côté par respect de ceux qui l'avaient conçu et qui allaient le financer, d'un autre côté parce qu'ils allaient s'organiser à ce que les résultats du projet puissent les aider à réaliser leur objectif initial. En conséquence, avec l'argent acquis lors du projet, de nombreux jeunes financèrent leur passeport et leur trajet pour aller travailler dans d'autres pays (Népal vers la Malaisie et la Péninsule arabique par exemple), priorité qu'ils avaient déjà avant le démarrage du projet. Des équipements agricoles fournis ou subventionnés furent revendus après la clôture des projets pour financer les projets prioritaires qu'ils souhaitaient : véhicules, réfrigérateurs, pizzeria, atelier mécanique, etc. Certains malins purent même revenir à leur objectif initial pendant la durée du projet, avec des stratégies astucieuses. Par exemple, en période de canicule qui avait impacté la germination des cultures au Maghreb et au Sahel, pour toucher les subventions de compensation, certains passaient le tracteur dans les champs pour prouver au contrôleur les traces de leur passage, sans indiquer qu'ils n'avaient jamais mis de semences dans le semoir. Après le contrôle, ils repassaient ensuite avec leurs tracteurs, ânes ou zébus dans leurs parcelles, en n'oubliant pas de remplir le semoir. C'est ce que l'on appelle le beurre et l'argent du beurre… D'autres, subventionnés par tranches financières pour le creusage de puits profonds ou de forages, remplissaient d'eau par citerne le trou avant le contrôle de la dernière tranche de forage, pour faire croire qu'ils avaient bien fait creuser jusqu'à la nappe et ainsi toucher le dernier paiement… qui allait leur permettre de financer leur nouvelle voiture. Il m'est aussi arrivé de constater que l'on faisait visiter le même bâtiment de coopérative dans un village, que ce soit une mission d'évaluation d'un projet de la FAO, de l'UE, de la Banque mondiale, du FIDA, de l'AFD, etc. La même infrastructure avait été financée 3 à 5 fois de suite… Pareil pour les « banques de vaches » créées dans les villages : on avait inventé « l'économie circulaire » en achetant et revendant plusieurs fois les mêmes bovins entre banques financés par différents projets, les locaux avaient rapidement trouvé le moyen d'accroître les intérêts de ce nouveau type de banque. Ces projets mal conçus ou mal suivis, par l'effet subvention sans critères objectifs et de principes bien établis, allaient finalement générer ou renforcer des situations de « tricherie », de « prédation », d'« appât du gain » et d'individualisme. Dans certains cas, les bénéfices immédiats supplantèrent l'objectif final du projet. Ainsi, on ne compte pas le nombre de projets ayant comme objectif l'accroissement des cultures commerciales ou des zones reboisées pour l'amélioration durable des revenus et la lutte contre la désertification, qui se sont résumés aux seuls intérêts immédiats : paiement des personnes et des sociétés à réaliser ces plantations, avant qu'elles soient délaissées une fois les subventions terminées. Les clôtures en fil barbelé fournies par les projets pour protéger les réseaux d'irrigation communautaire disparaissaient la nuit au profit de clôtures de jardins individuels créés le lendemain.

Lorsque les organisations internationales venaient constater, évaluer et contrôler les situations sur le terrain, nous avions aussi des situations causasses. Par exemple, en 1986, il fallut aller secourir une mission de la FAO embourbée suite à une grosse pluie sur le plateau du Nugaal au nord de la Somalie, mission venue constater les conséquences de la sécheresse sur la sécurité alimentaire. En 1987, sur les côtes nord de la Somalie (district de Halula), lorsqu'il fallut tester la nouvelle usine de congélation et stockage de poissons financée par la Banque mondiale, il n'y avait pas assez de poissons localement, il fallut les faire venir par bateau de Mombassa. Lorsque les premières barques de pêche furent subventionnées dans le même pays pour lancer la petite pêche familiale chez les nomades côtiers de l'océan Indien, la post-évaluation constata que ces barques, renversées, étaient très utiles comme petites bergeries côtières abritant ovins et caprins. En Algérie, des barques de pêcheurs, subventionnées pour l'emploi des jeunes dans les années 90, furent retrouvées sur les côtes italiennes, ayant servi aux migrations clandestines.

Avec l'approche Livelihood, je pus souvent trouver les leviers adaptés et efficaces pour lancer ou accélérer les dynamiques de développement. Pour illustrer l'effet de cette méthode sur les options stratégiques de développement, je me réfère à quatre exemples en Asie et en Afrique : au Népal où je travaillais entre 2002 et 2004 (levier force de marché), en Algérie entre 2005 et 2006 (levier social), au Laos où je travaillais entre 1988 et 2002 (levier des croyances pour adopter le modernisme) et au Ghana entre 2006 et 2007 (levier politique).

Au Népal, nous cherchions, avec la Banque asiatique de Développement et le DFID, à réduire la vulnérabilité et la marginalisation des Dalits, des hors-caste liés historiquement à des métiers considérés « dégradants » comme les forgerons, les tanneurs, les troubadours. Ceux-ci vivaient de petits travaux saisonniers mal payés, n'avaient pas accès au foncier ni à la fonction publique. Par contre, avec l'analyse des stratégies des ménages et du cycle épargne-investissement, nous savions qu'ils investissaient souvent en chèvres et bovins si par chance ils arrivaient à épargner. En effet, l'accès au fourrage dans les jachères de contre-saison chez les propriétaires fonciers et dans le domaine public était socialement toléré. Toutefois, leur « intouchabilité » ne leur permettait pas de vendre le lait, qu'ils devaient alors consommer ou échanger entre eux. Nous avions donc pu identifier les possibilités d'épargne vivrière, il suffisait de trouver une solution pour la rendre aussi commerciale. La force interne sociale hindoue ne permettant pas cette dynamique commerciale en raison de l'intouchabilité, c'est par la force externe des forces du marché que nous allions contourner le problème.

Nous formulions un projet de petites usines de conditionnement et de transformation du lait dans différents petits centres urbains, d'une capacité minimum de rentabilité de 5 000 litres par jour, après avoir estimé que la collecte de lait par zone au moment de l'étude ne dépassait pas 3 000 litres.

Ceux qui allaient investir dans ces centres subventionnés, les hautes castes, Brahmin et Chetri de familles aisées en particulier, savaient qu'elles devaient trouver rapidement au moins 2 000 litres de plus par jour pour faire des bénéfices. Ni une ni deux, elles donnèrent des consignes à leurs collecteurs de lait : « le jour, vous collectez auprès des hautes, moyennes et autres castes assimilées ayant adopté l'hindouisme (Brahmin, Chetri, Gorkha, Tamang, Magar, Rais, etc.), la nuit, discrètement, chez les Dalits ». En moins de 2 ans, dans ces localités, l'évaluation à mi-parcours indiquait que 92 % des Dalits vendaient leur lait. Comme quoi, les forces du marché (2 ans) peuvent être bien plus efficaces que les forces politiques (plus de 15 ans d'efforts avec l'aide internationale pour faire évoluer la constitution et les lois (celle de 2011 en particulier) envers les basses castes) pour réduire la vulnérabilité. Pourtant, encore en 2023, beaucoup reste à faire pour l'inclusion des Dalits[24].

À l'inverse, dans d'autres contextes, l'approche Livelihood permet d'identifier les forces internes (forces sociales de la société) pour accepter les forces du marché. Je prendrai ici un cas en Algérie, où je travaillais entre 2005 et 2008. Basé à Annaba, je travaillais sur six wilayas du Nord-Est du pays, avec mon ami Amor Driss, agronome ayant obtenu un doctorat en Belgique, un expert national avec une vraie vocation pour le développement et la conservation. Il se battait depuis le début de ses activités pour des causes justes de développement et de protection de l'environnement. Il avait fait une croix sur la progression de sa carrière, ayant eu le courage de contrer les mauvaises décisions politiques. Ce fut un privilège de travailler avec lui et de sillonner les paysages grandioses de l'Atlas et du Nord du Sahara.

Le projet[25] dans lequel Amor et moi travaillions couvrait 6 wilayas du Nord-Est de l'Algérie. Il était financé par l'Union

---

24 https://www.amnesty.org/fr/latest/news/2023/12/nepal-district-courts-historic-verdict-a-welcome-step-for-justice-for-dalit-community/

25 PADSEL-NEA : projet d'appui au développement socio-économique local du Nord-Est de l'Algérie.

européenne entre 2000 et 2011. Dans le cadre des subventions aux projets économiques, nous analysions les propositions des villageois. Nous avions accepté le financement d'un petit centre de stockage et conditionnement de pommes dans les montagnes de la wilaya de Khenchela, pour deux frères producteurs. Suite à notre accord, l'un des frères contacta Amor pour lui dire que son père, encore chef de l'exploitation, refusait ce projet, ce qui remettait en question leur stratégie de gestion commerciale des pommes. Il souhaitait que l'on essaye de persuader leur père d'accepter. Amor souhaita alors que je vienne avec lui, car il savait qu'à deux et avec l'approche livelihood, on avait plus de chances de persuasion. Après 350 km de routes et de pistes, nous arrivions à l'exploitation en montagne. Les deux frères, d'environ 50 ans, nous accueillirent. Berbères, ils étaient encore sous la coupe de leur père dans une ambiance patriarcale bien ancrée. Leur père arrivait juste après, avec son visage buriné par la vie, portant la kachabiya et s'appuyant sur sa canne. Tout de suite, pour donner le ton, il nous déclara : « tant que je serais en vie, il n'y aura pas de centre de conditionnement dans mon exploitation ! ». Les deux fils, penauds, nous regardèrent d'un air désolé, perdant définitivement l'espoir d'un miracle. Vu la situation, j'apaisais le père et lui demandais, pour ne pas avoir fait le voyage pour rien, qu'au moins il nous fasse visiter son exploitation. Cette technique visait à créer, dans une ambiance neutre d'échange, une opportunité d'observations et d'informations pour rechercher les clés d'une possible solution. Lors de la visite, je lui posais de nombreuses questions sur son histoire, sur la vie dans les montagnes, sur le développement de son exploitation, sur le choix de la culture de pommes. Il oublia le centre de conditionnement et fut fier de raconter comment il avait réussi avec la culture commerciale de la pomme. Je le félicitais. Il reconnaissait que depuis quelques années, la commercialisation de la pomme posait problème. C'est ainsi que je constatais qu'il avait installé un système d'irrigation par goutte-à-goutte et c'est là que j'eus l'intuition que je tenais peut-être les rênes d'une possible solution pour le centre de conditionnement. Je le félicitais à nouveau pour avoir installé un système d'économie de l'eau et lui demandait d'où venait l'eau. Il m'indiqua alors qu'il avait fait creuser un forage, assez tardivement, après le décès de son propre père. Je le regardais et lui demandais : votre père ne voulait pas adopter la technique du forage, vous aviez dû attendre son décès ? C'est là qu'il comprit où je voulais en venir, qu'il constate lui-même qu'il était en train de faire la même chose avec ses fils. Il nous déclara : « j'ai compris, en avant pour le centre de conditionnement des pommes ». Les visages des deux fils s'éclairèrent, le miracle avait eu lieu. Nous avions joué sur la force interne de la linéarité patrilinéaire/patriarcale, dans laquelle le père doit prendre la bonne décision, dans ce cas, faciliter les changements pour la survie de sa descendance.

Chez les peuples animistes traditionnels, les croyances restent fortes et les attitudes et comportements sont guidés, contrôlés et punis selon des cérémonies et des rituels précis. On s'en remet, à travers les shamans, sorciers et guérisseurs, aux esprits et aux génies pour régler des problèmes, des maladies, des incidents, et aussi pour valider des changements de la société. C'est sur ce dernier point que nous avions géré une expérience intéressante, en 1993, chez les Akha du nord-ouest du Laos : le génie de l'eau chez les Akha du village de Tchamay.

En début 1993, les autorités du district de Long dans la province de Luang Namtha, au nord-ouest du Laos, nous avaient sollicités, lors d'une mission dans le district pour deux projets d'irrigation concernant les Akha, pour considérer la construction d'une école primaire et d'une adduction d'eau pour le village akha pouli de Tchamay.

Le village se situait en montagne, au nord-est de la ville de district, à environ 6 heures de marche depuis la piste Long-Sing.

Les rendez-vous furent pris quelques semaines plus tard. Nous partions le 25 février 1993 avec mon homologue Houmpheng, accompagnés par de nombreux villageois qui s'étaient déplacés pour nous attendre au bord de la piste, en tenue traditionnelle de cérémonie et avec des chevaux pour nous en cas de besoin. Nous montions directement en montagne et arrivions au village dans l'après-midi. Après une rapide étude sociale, nous discutions du projet d'école et d'adduction d'eau et allions voir les sites proposés pour l'école et pour le bassin d'eau communautaire.

Pour l'école, le chef du village la justifiait pour deux raisons majeures. La première étant l'éloignement de l'école actuelle située dans la vallée à plusieurs heures de marche, d'où un nombre restreint d'enfants motivés à suivre les cours. La deuxième raison, c'est que les enfants et en particulier les filles faisaient office de moqueries, car elles ne parlaient pas, ou peu la langue lao. De plus, autre sujet de moqueries, celles qui avaient leurs règles avaient du sang séché sur les jambes, visible en raison de leur jupe courte, et de leur tradition de ne pas se laver sans autorisation du génie de l'eau. Suite à ces moqueries, les filles ne voulaient plus retourner dans les écoles en plaine.

Pour l'adduction d'eau, la source se trouvait à 400 mètres du village et en saison sèche, le débit était faible et l'eau souvent contaminée par les animaux venant s'y abreuver. Cette situation provoquait des pertes de temps de transports pour les femmes et les filles toute l'année et des maladies en saison sèche.

Toutes ces raisons nous paraissaient largement suffisantes pour approuver ces deux projets, même si nous savions qu'ils avaient sans doute été influencés par les autorités de district. Nous convenions d'envoyer une compagnie de construction qui viendrait prendre les mesures et proposer un style et une taille d'école et d'adduction d'eau pour ce grand et beau village traditionnel akha de 64 maisons. J'indiquais au chef de village de l'importance de bien informer la compagnie en cas de proposition technique non compatible avec les croyances et les traditions, pour éviter les problèmes futurs et assurer l'utilité et l'entretien de ces investissements.

Quelques semaines plus tard, la compagnie de construction revint avec les plans de l'école et l'adduction d'eau villageoise, signés par la compagnie et le chef de village de Tchamay. D'après la compagnie, tout avait été discuté et approuvé. Suite à l'acceptation du devis, les travaux pouvaient commencer. Les villageois s'étaient engagés à participer pour les travaux de terrassement et pour porter avec des chevaux les matériaux de construction depuis la piste du district. Cela me semblait trop simple, mais les plans étant approuvés par le chef de village, je lançais les travaux. La compagnie et les villageois respectèrent les délais et leurs engagements, les deux structures furent réalisées et approuvées par le village. Jusque-là, tout se passait à la perfection, jusqu'à la réception, quelques semaines plus tard, d'un télégramme du district de Long : « Nous devions venir en urgence, les villageois risquent de quitter le village ! ».

Nous retournions donc au village, toujours accompagnés des villageois. L'assemblée du village nous attendait, y compris les sorciers, guérisseurs et devins. Le chef de village nous expliqua la situation. Pour l'école, il n'y avait pas de problème, trois instituteurs avaient été affectés par le district et les enfants, filles et garçons, suivaient les cours. Pour l'adduction d'eau, par contre, un évènement avait déclenché la consultation des génies, dont le résultat, transmis spirituellement par le génie de l'eau au sorcier du village, indiquait un grand malheur si les villageois ne quittaient pas le village pour en reconstruire un autre ailleurs. Cet évènement, c'était la fièvre d'un garçon qui avait bu de l'eau d'un des huit robinets de la nouvelle adduction d'eau. D'après le sorcier, cette fièvre avait été déclenchée par le génie de l'eau, à qui on avait capté sa source, sans son autorisation !

En effet, la compagnie de construction avait suggéré de capter deux sources d'eau au lieu d'une pour s'assurer d'une quantité suffisante pour les villageois en saison sèche. Toutefois, si l'une des sources était autorisée pour l'usage des humains, l'autre était réservée exclusivement au génie de l'eau. Le génie courroucé s'était d'abord vengé sur ce garçon, avant de s'en prendre à tout le village. Pour les Akha, l'eau du génie et l'eau des humains ne se mélangeaient pas dans le bassin. Sur les 8 robinets, 4 faisaient couler de l'eau appartenant au génie Lokho, les 4 autres pouvant être utilisés par les villageois. Comme on ne savait pas quels robinets utiliser, les consignes avaient été données par le sorcier de n'utiliser aucun des robinets.

Nous allions voir le garçon et Houmpheng et moi, nous diagnostiquions un paludisme, qui n'avait rien à voir avec l'adduction d'eau couverte et donc hermétique aux moustiques ni à voir avec la qualité de l'eau. J'indiquais à Houmpheng d'administrer discrètement de la nivaquine et du paludrine au garçon et nous revenions à la réunion. Nous n'allions pas évoquer cette erreur de diagnostic lors de la réunion, pour éviter que les membres akha ne perdent la face, mais aussi parce que nous savions que chez eux, la maladie est une affaire de génies, pas de moustiques, de virus, de bactéries ou d'amibes. On ne pouvait donc pas négocier sur les mêmes références. J'analysais rapidement la situation et j'estimais que le sorcier-guérisseur, responsable de cette grave décision de déplacer le village, se vengeait du projet et aussi du chef de village, qui lui avaient finalement pris de son pouvoir, c'est-à-dire la décision traditionnelle de la gestion de l'eau. L'argent des Nations Unies avait failli le déchoir en partie de ses fonctions, il reprenait la main. Sur cette base d'analyse, j'annonçais avec autorité que l'option de quitter le village, je l'écartais. Ce n'est pas une infrastructure nouvelle d'adduction d'eau qui allait remettre en cause des siècles de traditions et faire déplacer tout un village. Je sentis l'atmosphère se détendre, sauf chez le sorcier-guérisseur que j'observais du coin de l'œil. Sur cette déclaration, il reperdait la main.

J'expliquais alors que pour ne pas quitter le village, il se présentait deux options. La première, c'était de conserver l'école, mais de détruire dès aujourd'hui l'adduction d'eau, on en parlait plus. Tous se regardèrent, ébahis et anxieux. Comment le « Farang » (Français) pouvait-il accepter de laisser détruire une infrastructure qu'il venait de financer ? Quelles en seraient les conséquences ? Je répondais à ces questions au chef de village. Oui, je prenais cette décision par respect des traditions et j'en prenais la responsabilité. Toutefois, j'indiquais que c'était le village qui avait demandé cette adduction d'eau et que ces représentants avaient signé le plan. J'avais donc été trompé et suite à la destruction de cette infrastructure, je partirai, ne reviendrai jamais dans ce village et les oublierai dès le passage du porche du village.

Cette annonce provoqua une situation délicate chez les Akha : d'un côté ils gardaient le village, d'un autre côté, le village allait vivre avec la honte d'avoir trompé une personne étant venue les aider. Le sorcier, lui aussi, semblait faire face à un nouveau dilemme qu'il n'avait pas prévu : en voulant reprendre la main sur l'infrastructure, il avait provoqué par sa décision, à la fois le fait de ne pas avoir d'eau dans le village et d'avoir mis un terme à des relations d'un projet ami. Situation très inconfortable pour lui vis-à-vis de sa communauté, qu'il aurait à gérer suite au départ du Farang.

C'est avec la deuxième option que je lui tendais la perche qui pouvait régler les deux problèmes, si le sorcier arrivait à mieux négocier avec le génie de l'eau. En réalité, c'était la seule option qui me semblait valable pour tout le monde. Je l'avais gardé pour la fin après avoir provoqué des émotions contradictoires préalables, avec pour but de mettre l'assemblée dans une tension psychologique favorable à un dénouement heureux. Pour cette deuxième option, je passais par le processus des génies, en indiquant l'importance de respecter les génies, en particulier celui de l'eau, qui, depuis de nombreux siècles, avaient permis aux Akha d'avoir accès à cette ressource vitale. Je retraçais ensuite les grands évènements de l'histoire des Akha, indiquant dans le processus que cette ethnie était progressivement passée d'un système itinérant vivrier en petits groupes de quelques familles, à un mode de vie plus sédentaire, avec de grands villages dans un contexte social et économique différent. Depuis quelques décennies, l'éducation formelle des enfants, la santé, l'hygiène, l'économie de marché devenaient le cadre de vie du peuple pluriethnique du Laos. Pour l'eau, la norme nationale devenait la disponibilité d'un accès facilité et une qualité contrôlée. Je posais alors la question, officiellement au chef du village, mais en réalité, clairement au sorcier, de savoir si les Akha Pouli du village avaient pensé à « moderniser » les références ancestrales du génie de l'eau domestique Lokho. Par exemple, avez-vous informé ce génie du besoin humain supplémentaire par source en raison de l'accroissement démographique, du besoin de se doucher régulièrement, en particulier avant d'aller dans un endroit public, en ville, à l'école, du besoin de faire la vaisselle et le nettoyage pour limiter les nouvelles maladies et les épidémies qui avaient dévasté de nombreux villages dans le passé ?

Ce retour historique sur leur histoire par le « Farang » avait créé l'émotion suffisante pour lancer la discussion. Aux réponses à mes questions, on m'informa que le génie de l'eau n'avait pas été modernisé, mais que suite à la suggestion du Farang, le sorcier allait renouveler son contact avec le génie. Étant donné l'importance de l'affaire, une cérémonie extraordinaire impliquant le sacrifice d'un buffle était nécessaire. Pour moi, la partie était gagnée, le sorcier avait pris la perche qui lui permettait de retrouver son pouvoir spirituel sur la gestion de l'eau et par la même occasion de faire valider spirituellement le modernisme, c'est-à-dire le nouveau service d'eau potable du village. De plus, s'il réussissait, le village gardait l'amitié du Farang.

Les villageois me prièrent de passer la nuit au village pour que je puisse être témoin du résultat de la consultation avec les génies. Les villageois se cotisèrent pour le buffle, il fut sacrifié l'après-midi même. Le sorcier se mit en contact avec le génie à travers un long rituel, accompagné de chants, de danses et même de transes. Le processus se termina vers 3 heures du matin. On me réveilla vers 6 heures du matin pour m'annoncer le verdict. Tout le village était là, avec plus de 200 personnes. On m'expliqua les étapes de la négociation, et la conclusion : le génie de l'eau avait compris le nouveau contexte et les nouveaux besoins en eau du village et avait donné son accord définitif sur l'utilisation de sa source, sans restriction.

À la seconde du verdict, un grand soulagement se fit ressentir dans l'assemblée et tous les enfants se précipitèrent pour prendre des douches et s'asperger d'eau sous les robinets.

L'anecdote ne s'arrêta pas là. Quelques mois plus tard, lors d'une visite aux autorités du district de Long, nous rencontrions le sorcier au marché du district. Il nous informa que depuis la cérémonie, plus aucun problème n'était lié à l'eau, les villageois se lavaient davantage et les filles étaient retournées à l'école. Toutefois, il avait eu la visite d'autres sorciers de villages akha voisins qui avaient appris la nouvelle utilisation de l'eau en lui reprochant de ne pas respecter les traditions. Il avait donc utilisé le même processus, en leur reprochant de ne pas avoir pensé à « moderniser » le génie de l'eau, étape indispensable pour que les Akha puissent s'adapter au modernisme. Certains sorciers avaient déjà appliqué la méthode dans leur village.

L'approche « Livelihood » fait aussi le lien entre les stratégies des communautés territoriales, les institutions et les politiques.

Je fus basé à Accra au Ghana pendant deux années entre 2006 et 2007 (projet financé par l'Union européenne) pour aider le ministère de l'Alimentation et de l'Agriculture (MOFA) à améliorer leur système de suivi-évaluation de leur performance et de la contribution du secteur agricole à la réduction de la pauvreté, en lien avec l'engagement du pays aux Objectifs de Développement du Millénaire (OMD). Pour MOFA, c'était important, car depuis de nombreuses années, le Ministère était pointé du doigt par le ministère du Plan, qui se plaignait de ne pas pouvoir bien planifier en raison de l'incapacité de MOFA à apporter des suivis et des analyses satisfaisantes de leurs actions.

Je réalisais alors une revue du système de suivi-évaluation du ministère, qui confirmait un système archaïque, réalisé au niveau central à partir de données statistiques de terrain peu contrôlées. Les régions avaient pris l'habitude de fournir à leur ministère, en fin d'année, des chiffres se rapprochant de ceux qu'ils avaient planifiés en début d'année. Cela convenait au niveau central, car ils collaient bien à la planification centrale et à la politique. Au niveau des régions, les responsables des suivis me confirmaient leur manière de suivis, qu'ils qualifiaient de « cooking data », c'est-à-dire cuisiner les données pour les rendre acceptables et crédibles. Aucune analyse sérieuse des données n'était faite par rapport aux conditions de l'année, à la pauvreté, à la situation économique, car les personnes ne savaient pas faire, n'étaient pas formées à cela ou tout simplement ne disposaient ni de véhicule ni de budget pour vérifier les données sur le terrain. Je réalisais surtout que les agents de suivi-évaluation du MOFA à Accra n'étaient plus retournés sur le terrain depuis de nombreuses années et ne connaissaient plus vraiment les changements qui s'étaient opérés au niveau rural et agricole. Je préparais un plan de travail ambitieux pour un cadre de suivi-évaluation de dernière génération. J'organisais une formation Livelihood pour enquêtes de terrain et lien avec le suivi-évaluation et emmenait toute l'équipe centrale, et les équipes régionales, à deux reprises pour des sessions d'une semaine sur le terrain : ils découvrirent, avec cette nouvelle méthode, leur pays sous un tout nouvel angle. Nous rédigions un premier document d'état des lieux de la situation rurale et de la contribution agricole à la réduction de la pauvreté, et un deuxième document de proposition de cadre de suivi-évaluation selon la méthode Livelihood pour le MOFA. Dans le premier document, notre conclusion fut que le secteur agricole, économie importante du Ghana, n'apportait pas de preuves tangibles de réduction de la pauvreté depuis ces dernières années, ce qui remettait en cause la pertinence de la politique agricole. La directrice nationale du projet m'informa qu'elle souhaitait remettre une copie des deux rapports au ministre. Je lui suggérais alors de revoir la forme du premier document, qui, s'il était bien argumenté, remettait en cause la politique du ministre. Quelques jours plus tard, elle m'indiquait qu'elle avait fait parvenir les deux rapports au ministre, sans vraiment avoir changé la forme, se disant que ça convenait. Dans la semaine, elle fut convoquée par le ministre. Blême, elle me demanda, ainsi qu'à son équipe nationale, de se rendre avec elle chez le ministre, et de présenter un résumé des conclusions au ministre. Nous n'étions pas loin du « courage, fuyons », mais la suite me confirma que l'on était une équipe. Ils seraient derrière moi pour défendre les conclusions qui venaient d'un travail collectif. Je peaufinais ma présentation, mettais les formes, en incluant des argumentations basées sur des observations et témoignages, utilisant des termes locaux ghanéens pour montrer notre approche « terrain ». Pendant 20 minutes, je déroulais l'exposé devant le ministre, entouré de ses conseillers, l'équipe nationale de suivi-évaluation étant autour de moi. J'indiquais, avec des preuves, pourquoi le secteur agricole n'impactait pas significativement sur la pauvreté et relatais la liste de solutions que nous avions identifiées pour améliorer la situation. Lorsque j'eus fini, le ministre se tourna vers ses conseillers et leur dit, en langue locale « Ce travail est sérieux et venant moi-même du milieu rural, les situations décrites et les termes employés sont vraiment issus du terrain. Vous n'avez pas été capables de me conseiller pour faire évoluer notre politique. Je vais demander à ce projet, au-delà de leur mission de suivi-évaluation, de nous aider à refaire notre cadre politique. » C'est ainsi que de simple projet de suivi-évaluation, nous fûmes élevés au rang de conseiller du ministre pour lancer le FASDEPII (nouvelle politique agricole : Food and Agriculture Sector Development Policy), qui fut approuvé en 2007 en incluant nos indicateurs de suivi-évaluation. Ce cadre de suivi-évaluation influença aussi ceux de certains pays comme le Sénégal et le Burkina Faso, suite à des réunions bilatérales sur le thème du suivi-évaluation de l'agriculture en Afrique de l'Ouest. Cet exemple montre que le travail et les analyses de terrain, lorsqu'elles sont articulées avec les engagements d'un pays, peuvent réellement influer sur les niveaux politiques.

Mais revenons aux méthodes développées dans cette période et leur utilisation. C'est suite au travail au niveau des ménages que je remontai au niveau des communautés d'un même territoire historique : hameau, village, canton, en vérifiant les données à travers la méthode « Focus group » par exemple. Le hameau (*Tasseng* au Laos, *Douar* au Maghreb) représente l'unité socioterritoriale et historique de décision pour les projets communautaires de proximité : souvent l'eau, la piste, le centre de santé, l'électrification, l'école primaire, la maison des jeunes, un projet communautaire. Je pouvais ainsi comparer les résultats « ménages » et les résultats « communautés ». On analysait plusieurs cas de figure. Par exemple, lorsque les résultats étaient comparables, cela traduisait le plus souvent une bonne écoute, solidarité, entente et équité de participation à l'intérieur de la communauté. Les ménages, y compris les femmes, les pauvres et les vulnérables avaient été invités aux réunions et avaient pu exprimer leurs préoccupations spécifiques. C'était une situation favorable à la conduite d'un projet de développement communautaire équilibré, inclusif et équitable. À l'inverse, lorsque les résultats étaient très différents entre les enquêtes de ménage et l'enquête communautaire, cela indiquait que l'outil « Focus group » n'était pas suffisant pour un diagnostic correct de la réalité de la communauté et de sa diversité. Souvent, il n'avait pas permis aux ménages les plus démunis, à ceux sans pouvoir ni responsabilité, aux femmes, aux jeunes, à faire émerger leur avis. Le risque pour le projet était alors, sur les seuls résultats d'un « Focus group », de faire des propositions non équitables, qui allaient favoriser les plus aisés ou ceux qui avaient monopolisé la parole lors de la réunion. En effet, on sait que dans certains cas, en particulier dans les situations de mauvaise gouvernance, de situation patriarcale, de forces de pouvoir disproportionnées, de culture, les femmes, les jeunes, les pauvres ne participent pas aux réunions communautaires ou n'osent pas parler en public. Leurs préoccupations spécifiques sont alors ignorées ou sous-estimées.

C'est ensuite que j'agglomérais les différents résultats aux échelons supérieurs disposant d'une représentation administrative (village, district, province, région selon les cas).

Je n'utilisais pas longtemps l'arbre à problèmes et solutions, approche qui allait générer des attitudes de dépendance vis-à-vis des projets et allait sous-estimer les considérations environnementales et les processus de prise en charge du développement par les populations. J'utilisais par contre souvent le SWOT, que l'on pouvait adapter facilement à presque toutes les situations. J'associais l'approche territoriale développée dans les années 90 à l'approche humaine et à la réalité des relations extraterritoriales.

En effet, dans un monde en voie de globalisation et de diversification des métiers, avec son lot de migrations et d'échanges, le territoire en tant que tel ne veut plus dire grand-chose pour le développement humain. En effet, en zones rurales, de nombreux « noyaux ruraux », que j'appelais les « gardiens du territoire », ne vivent depuis au moins les années 50 que grâce à une pluriactivité des membres du ménage, dont certains sont en ville dans ou à l'extérieur du territoire traditionnel. D'autres, souvent les parents et un enfant chargé de s'occuper d'eux, reçoivent la plus grande partie du revenu financier de la part de membres migrants à l'étranger. D'autres encore peuvent éduquer leurs enfants à travers des proches vivant en ville ou à l'étranger. Certains originaires du territoire considèrent le territoire rural comme leur lieu d'exploitation agricole, ou leur bassin social ou même un lieu de villégiature, mais la famille habite surtout en ville où se trouvent les services recherchés (éducation et santé surtout) et où se trouve la plus grosse partie de leur business (commerce, entreprise, etc.). Les cas d'habitat social et de villégiature étaient souvent des cas de développement réussi par les ménages. C'était même des situations paradisiaques : les gardiens du territoire vivaient sur leurs terres traditionnelles, dans des maisons bien équipées, tous frais payés par l'extérieur, en maintenant en activité un petit lopin de terre vivrier, quelques poules et chèvres, un âne, comme échantillon du maintien de leurs traditions. Comblés, ils n'avaient aucunement besoin de projets. Pourtant, avec quelques poules, chèvres, ânes et jardinet maraîcher, ils faisaient administrativement partie des pauvres « agriculteurs » et certains étaient inclus automatiquement dans des projets…

Je ne retenais pas la méthode francophone « terroir »[26], ou alors associée à d'autres approches, car, malgré son caractère

[26] L'approche francophone « Terroir » ou « Gestion des Terroirs » fut largement expérimentée dans les pays francophones, en particulier en Afrique de l'Ouest (Sahel surtout). Initiée après la période productiviste des années 60, à travers des projets tests à partir de la fin des années 1960, elle fut officialisée en 1984 au Burkina Faso et développée à travers des dizaines de projets de recherche et de développement dans les autres pays francophones : Mali, Niger, Sénégal, Bénin, Togo, Côte d'ivoire. Cette approche évolua dans un contexte de recherche-développement riche d'idées, qui permit l'émergences de nombreux outils méthodologiques, participatifs, techniques, sociaux, économiques, écosystémiques, cartographiques, etc. A partir du milieu des années 90, l'approche « Terroir » évolua vers le développement local. Au début des années 2000, avec l'engagement mondial pour les OMD et la lutte contre la pauvreté, l'approche « Terroir » fut définitivement détrônée par d'autres méthodes : développement local, développement territorial, approche livelihood.
https://www.iram-fr.org/ouverturepdf.php?file=79.pdf

intégrateur développé au fil de la recherche, avait tendance à privilégier une entrée territoriale aux solutions de développement (agriculture, élevage, pêche, forêt), privilégiant ainsi les propriétaires terriens et le secteur primaire, avec peu de solutions pour les « sans-terre », les déshérités et ceux qui avaient fait le choix d'un développement dans les secteurs secondaires et tertiaires.

En effet, si dans l'histoire des traditions rurales, les systèmes d'héritage, de linéarité des sociétés et de résidence au mariage, les redistributions du capital foncier et de l'élevage concernaient l'ensemble de la descendance, c'était de moins en moins le cas depuis le début de l'ère industrielle dans les pays développés et pratiquement plus la norme à partir de la fin du XXe siècle dans les pays en développement. En effet, entre l'importance de garder une surface d'exploitation économiquement viable et donc limiter le morcellement des exploitations par les partages d'héritage, l'éducation préparant à de nouveaux métiers, l'attrait du salaire et de la ville, il fallait préparer une partie de la descendance rurale à se diriger vers d'autres options économiques… avant qu'elle ne soit confrontée aux mouvements d'exode rural et de migration, souvent mal préparés, quelquefois dramatiques[27].

Dans les économies territoriales principalement basées sur l'agriculture et la forêt, j'utilisais l'approche écosystémique, assez complexe intellectuellement, dont l'enjeu était de la rendre opérationnelle et concrète. J'optai, à partir de la fin 1990, pour le concept international du « développement local »[28], mettant en

---

https://hal.science/hal-00512528/document

[27] Les flux de migrations clandestines se retrouvent dans de nombreuses zones (Mexique-USA, Népal-Inde, rives Sud-Nord de la Méditerranée, Pays du Sahel vers les pays du Maghreb, etc.). Selon les données de ONU Migration et du HCR, on compte annuellement entre 120 000 et 140 000 tentatives de migrations clandestines en Méditerranée (à travers la Tunisie, la Lybie, l'Algérie et le Maroc) et le nombre de décès annuels est, depuis 2014, supérieur à 3 000.

[28] Selon Bernard Husson du CIEDEL : Le développement local est une pratique du développement, une méthode de travail, non une nouvelle théorie qui

œuvre le jeu et la dynamique d'acteurs pour construire leur avenir.

En résumé, de nombreux ingrédients intéressants se trouvent dans toutes ces approches. Il suffit, selon la situation, de les adapter et de les associer pour les rendre compatibles et efficaces dans le contexte évolutif économique, social, politique, environnemental. Je reste persuadé que l'approche humaine doit rester dominante dans tous les cas dans le cadre du développement rural, pour s'assurer des intérêts et des engagements réels des populations et favoriser les dynamiques durables des initiatives.

Je constatais, dans cette période, que certains experts ne furent pas capables, ou ne voulurent pas s'adapter à ces nouvelles approches plus « sociales », « humaines » et dirigées vers « l'impact ». Ils préféraient conserver leur « zone de confort »,

---

compléterait ou se substituerait aux précédentes au prétexte qu'elles auraient échoué. Il ne vise pas à identifier les divers obstacles au développement ni à rechercher la combinaison optimale des ressources, rares par définition, mais à s'interroger sur les moyens de parvenir à leur combinaison.
Il ressort de cette définition quelques caractéristiques fortes :
- Le développement local est d'abord un processus décisionnel. Ce qui limite les actions, ce ne sont pas les pénuries elles mêmes (capital, formation, énergie…), mais les imperfections dans les processus de décision ; la difficulté majeure dans le développement est la gestion de la complexité. Dans cette perspective, la proximité est un atout essentiel parce qu'elle s'appuie sur une bureaucratie allégée, permet l'implication d'un nombre élargi de groupes de population et favorise des synergies entre eux.
- Le territoire de référence pour soutenir une dynamique de développement local n'est pas isolé, mais articulé à des espaces plus vastes. Les ressources disponibles, techniques, financières, humaines sont prioritairement celles qui sont accessibles dans ce territoire, mais aussi celles qui sont acquises de l'extérieur. Il ne s'agit donc pas de rechercher une quelconque autarcie illusoire ni de faire supporter au niveau local des charges qu'il ne peut assumer. Mieux, le développement local trouve sa pleine expression si les acteurs locaux prennent en compte le contexte national au sein duquel ils agissent. Leur capacité à prendre en compte la valeur de la monnaie et le niveau des taux d'intérêt, la concurrence de productions venant de régions voisines ou de pays étrangers, l'accès à des moyens d'information rapides… favorise ou non les dynamiques de développement local. (https://www.hubrural.org/IMG/pdf/agridoc-husson.pdf)

une approche technique, sectorielle, basée sur les résultats attendus. Au niveau des projets de développement rural, concernant de fortes dimensions sociales, culturelles, territoriales et environnementales, ce phénomène allait devenir une cause majeure de tensions et d'échecs de projets évalués en termes d'impact socio-économique et environnemental.

Nous illustrerons, à travers deux exemples simples, la différence d'évaluation de projets selon le niveau « résultat » et le niveau « impact ».

Le premier exemple concerne une formation villageoise en activités génératrices de revenu, avec un résultat attendu de 100 personnes formées. Si l'on s'en tient au résultat brut quantitatif, si 100 personnes ont été formées, le succès « résultat » est total. Si l'on réalise une évaluation participative des impacts auprès des personnes formées pour savoir si elles ont acquis de nouvelles connaissances, on peut obtenir un score de 65 %. Si on demande ensuite à ces 65 %, celles qui pensent pouvoir utiliser à titre personnel ces nouvelles connaissances dans le cadre de leur travail, on peut tomber à 50 % de ces 65 %. Si on demande ensuite aux 65 % de personnes ayant acquis de nouvelles connaissances si elles pensent pouvoir convaincre leur administration de les adopter dans le cadre de travail (passage de l'acquis individuel à l'acquis institutionnel), on peut tomber à 15 %. Si l'on fait un calcul statistique sur la nature des participants, on peut trouver 85 % masculin et 70 % de plus de 40 ans. Selon cette évaluation, l'activité de formation du projet aura environ 30 % d'impact sur le travail en terme individuel, 10 % en termes institutionnels et aura créé une iniquité d'accès à la connaissance entre les hommes et les femmes et les catégories d'âge. En termes de développement, doit-on retenir un succès de 100 % de résultat de participation, ou 10 à 30 % d'utilité effective de cette formation ?

Concernant la conception et la réalisation d'une adduction d'eau villageoise, comprenant en particulier le captage d'une source et l'acheminement de l'eau dans un bassin villageois.

Avec une approche « résultat », on réalise une étude technique, on soumet la proposition technique que l'on justifie de manière technique et financière et on fait valider par la population avant lancement des travaux. La participation villageoise est prise au sens restrictif, les représentants sont juste invités à être informés d'une unique option technique qu'ils n'ont d'autre choix que de valider.

Avec une approche basée sur les impacts, la conception participative inclut l'acceptabilité sociale, la dimension culturelle, historique, environnementale, la question du genre, la perception d'impact liée au choix d'adduction d'eau. L'approche participative n'est pas seulement consultative, elle est culturelle, organisationnelle, décisionnelle. Ainsi, l'adduction d'eau n'est plus seulement conçue comme un conduit et un réservoir en béton pour l'eau domestique/potable uniquement. Elle est planifiée aussi comme moyen de gagner du temps pour les femmes et les filles chargées de la collecte de l'eau loin du village, comme moyen de réduire les maladies liées à l'eau, comme moyen de former 1 ou 2 personnes à l'entretien et l'opération du réseau. On profite de l'adduction d'eau pour ajouter sur le réseau un bassin pour la lessive (à nouveau, gain de temps), un abreuvoir pour les animaux domestiques (gain de temps et évite que les animaux souillent la source et donc provoquent les maladies), un conduit de trop-plein d'eau, ou d'eau non utilisée de la fontaine, pour créer à l'aval des parcelles maraîchères irriguées (le temps gagné en corvée d'eau et l'eau disponible génèrent une valorisation économique), etc. Selon les considérations culturelles, la religion, les croyances, on décidera où placer le ou les bassins.

Avec l'approche par résultat, l'évaluation immédiate pourra être bonne. La post-évaluation par résultat est par contre souvent très moyenne : pas de système d'opération, d'entretien ou de cotisation mis en place, car le système est inutilisable après quelque temps. L'évaluation de l'impact est moyenne, car un seul impact (gain de temps pour accès à l'eau), ou même négative lorsque le bassin a été construit au mauvais endroit (considérations foncières ethniques ou religieuses), si les droits ancestraux d'eau n'ont pas été discutés à l'amont, si le réseau traverse un endroit sacré.

Avec l'approche « impact », la durabilité et l'impact seront bien supérieurs : gain optimum de temps, utilisation du temps généré pour des activités économiques, impact sur la santé, gestion rationnelle de l'eau, création de groupes de production maraîchère.

In fine, l'approche par résultat tend le plus souvent à rassurer le financeur, le projet, l'expert et l'administration locale sur la réalisation de ce qui a été planifié et financé (indicateur d'intrant) par écrit au moment de la formulation du projet. Elle peut convenir quand il s'agit de construire une infrastructure ou fournir des équipements. Avec une approche technique et financière, on risque peu de se tromper sur le résultat attendu et d'être mal évalué, car on parle là de béton, tuyaux, équipements, nombres, statistiques. Les acteurs des résultats maintiennent leur zone de confort. La population bénéficiaire reste en grande partie spectatrice de l'action et ne s'approprie donc pas le processus, ou à la marge. À partir de 1990, lorsque les financeurs ont commencé à inclure l'évaluation de l'impact dans leurs projets, on allait au-delà du résultat : en quoi le résultat est utile, ou non, pour la population censée en bénéficier et en quoi il a impacté l'environnement ? C'est justement à ce niveau que la dynamique humaine démarre, que l'on peut vérifier si le développement s'opère. C'est à cette période que je commençais à parler de « béton idiot » et de « béton intelligent ». Le béton idiot allait générer un impact restreint, souvent pendant une courte période, et engendrer des coûts d'entretien considérables au regard des bénéfices. Le béton intelligent était justifié comme un service multiavantages, avec un rapport coût/entretien/avantages intéressant pour les populations et assurant leur réel intérêt pour une gestion durable. Avec l'introduction de la gestion de cycle de projet orientée vers l'impact, celui-ci pouvait remettre en cause, rétrospectivement, la méthode de conception du « résultat » et l'option choisie. Et c'est dans cette transition entre objectifs de résultats et objectifs d'impacts que certains experts on fait de la résistance pour s'accrocher aux résultats et à leur zone de confort.

C'est d'ailleurs à partir de cette période que je considérais, de manière globale, deux catégories d'experts : ceux qui donnaient priorité à l'humain et à son développement dans leur mode et choix de travail, et ceux qui donnaient priorité à leur propre agenda, en général le salaire qu'ils touchaient[29], leur confort personnel, leur carrière ou la recherche de leur reconnaissance personnelle. Ces deux logiques ne pouvaient pas se réconcilier, ni dans le cheminement de l'appui au développement ni dans les options et décisions retenues. Je me retrouvais dans la première catégorie et ne pus jamais travailler en harmonie et complicité avec la deuxième catégorie… surtout s'ils étaient incompétents et si, en réaction à leur incompétence, ils se vengeaient en dénigrant le pays qui leur assurait un bon salaire d'expatrié. Cette différence de logique allait être difficile à gérer dans le cadre d'un projet, et cela est toujours d'actualité en 2024.

Dans la première catégorie, je rencontrais des experts et consultants nationaux et internationaux fantastiques, investis dans leur travail, passionnés par leur sujet, généreux dans leur approche, curieux des innovations et des changements, toujours partant pour débattre des avancées du développement, partageant sans compter l'information. Ils étaient là quand il fallait défendre le terrain devant les politiciens, apporter des argumentaires, développer des plaidoyers. À leur contact, j'apprenais beaucoup et je leur dois une bonne partie du professionnalisme que j'ai pu développer. Les débats purent lancer des intelligences collectives, chacun apportant de propres références, pensées et expériences dans un esprit d'échange. Les notions de groupe de

---

[29] Pour certains de cette dernière catégorie, la « feuille de temps » ou le « timesheet » allait devenir une préoccupation majeure, et leur signature rapide une angoisse mensuelle. La feuille de temps est le document officiel mensuel du bureau d'étude sur lequel l'expert inscrit des activités journalières qui vont justifier le paiement de sa facture. Selon le projet, elle sera signée par le chef de projet, l'administration centrale ou locale, le financeur, le représentant du bureau d'études. Le processus peut prendre plusieurs jours et l'expert n'est pas à l'abri d'un refus, de demande de clarification ou de modification de sa feuille de temps, ce qui retarde d'autant le paiement. Dans le meilleur des cas, les experts sont payés dans les 10 jours après le mois presté, mais le plus souvent entre 1 mois et 2 mois, jusqu'à 4 mois dans les cas les plus extrêmes que j'ai connu.

travail et de « building block » (construction par étape) permirent des avancées collectives, interdisciplinaires. Les dynamiques positives permirent, lorsque la masse critique d'acteurs fut favorable, de lancer de nombreuses innovations et expériences qui allaient pouvoir être répliquées et adaptées à d'autres contextes.

Dans cette catégorie, les experts nationaux avaient plus de mérite, car ils prenaient un risque supplémentaire par rapport aux internationaux : ils restaient dans leur pays et prenaient des risques politiques qui pouvaient impacter leur carrière et même leur sécurité. Ayant la « vocation », ils avaient souvent gardé un esprit militant et fait le choix d'aider aux bonnes causes de leur pays. En échangeant avec eux, que ce soit en Asie ou en Afrique, ils m'informaient de comment ils vivaient et percevaient les projets de développement rural financés par les bailleurs de fonds internationaux, ainsi de comment ils avaient pu travailler avec les experts internationaux. Pour les points en général positifs, ils constataient que globalement, les projets internationaux permettaient un cadre, une méthode et une discipline de travail plus rigoureux que les projets nationaux. Leur gouvernance était en général plus saine et les échéances du financeur obligeaient à maintenir le rythme d'actions. Ils avaient la capacité, du fait de leur influence externe au contexte national, de pouvoir débloquer certaines situations en « donnant un coup de pied dans la fourmilière », très utile dans les situations de blocage historique. L'appui financier de ces projets permettait souvent de mettre en œuvre les plans de travail des régions concernées, qui autrement n'auraient pas eu lieu faute de budget national. Ces projets permettaient aussi de bénéficier de regards croisés avec des experts internationaux, de nouvelles expériences et capacités de travail. Pour eux, les experts internationaux les plus utiles étaient ceux qui conciliaient professionnalisme, compréhension du contexte, respect et écoute des nationaux, capacité d'analyse externe innovante et d'enclencher de nouvelles dynamiques intéressantes, et aussi autonomie et capacité de se gérer. Le personnel local appréciait aussi de pouvoir bénéficier d'équipements, moto, véhicules et budgets de déplacement, qu'ils n'avaient pas dans le cadre régulier de leur travail en région. Pour les aspects moins positifs, ils constataient des retards réguliers au démarrage en raison des procédures pour l'achat des voitures et des équipements et du recrutement de l'assistance technique. La proportion d'études et de rapports leur semblait souvent disproportionnée au regard de l'urgence de réaliser des actions concrètes sur le terrain. Ces projets internationaux, y compris les missions d'appui et d'évaluation, démobilisaient une partie du personnel local de l'administration, qui prenaient alors du retard dans leurs activités courantes, sans qu'ils aient d'avantages du projet en termes de primes ou véhicules. S'ils reconnaissaient la qualité de certains experts comme indiqué plus haut, ils constataient aussi l'incompétence de certains et avaient aussi dû « se fader des boulets ». Je ne retiendrais ici que quelques points qui revenaient le plus souvent. Parmi les boulets, certains experts internationaux étaient incapables de se prendre en charge et s'accrochaient aux nationaux pour qu'ils les aident à trouver une maison et des équipements, à changer de l'argent, à obtenir les papiers administratifs, à les emmener à l'hôpital, quelquefois à leur prêter de l'argent ou à les aider à trouver une « copine » locale. Cette catégorie, souvent plus préoccupée à résoudre leurs problèmes, ne leur retournait pas spontanément la pareille. D'autres experts, peu intéressés par le pays, la région et la population, développaient leur agenda professionnel de manière peu respectueuse du contexte local, du personnel local et des références et expériences acquises. Quelles que soient leurs raisons, ils arrivaient un peu en « pays conquis », ou en donnaient l'impression. D'autres encore, dépassés ou incompétents professionnellement, soit dans leur domaine ou soit dans un concept global multiexpert de projet qu'ils ne maîtrisaient pas, tentaient de s'affirmer, souvent avec arrogance, en s'appropriant les travaux des autres, y compris des nationaux. D'autres enfin étaient considérés par les nationaux comme des cas sociaux ou des farfelus. Ils les observaient, mais restaient socialement à distance de ces experts, par précaution. Certains cas sociaux et farfelus pouvaient être valables professionnellement, mais le décalage avec le côté social impactait la complicité d'équipe. Lorsque ces experts internationaux étaient perçus comme pas à la hauteur des attentes, dans certains cas, cela faisait émerger parmi les nationaux un ressenti de différence de rémunération plus vraiment justifiée entre les internationaux et les nationaux.

La deuxième catégorie d'experts, de par leurs priorités personnelles, n'avait clairement pas la « vocation » pour ce métier. Ces experts ne montraient souvent aucun intérêt à s'investir au-delà de leurs termes de référence qu'ils géraient de manière « mécanique ». Lorsqu'ils s'investissaient, c'était pour imposer les méthodes et expertises qu'ils essayaient de vendre à chaque mission selon une démarche bien rodée d'écoute sélective. Dans les réunions avec les décideurs, ils allaient régulièrement dans le sens du vent et devenaient inaudibles s'il fallait, dans les situations de tension, soutenir les populations face aux politiques. Des parasites du développement, que certains appelaient « doryphores ». De nombreux dessins et histoires humoristiques circulèrent sur cette catégorie d'experts, autant dans les cercles anglophones que francophones. Ils ne laissaient aucun souvenir positif auprès des populations. Certains même, des champions avaient devancé le principe de Peter[30]. On les retrouve sous tous les continents, ils passent moins facilement depuis le début des années 90, avec le contrôle plus rigoureux des CVs. Toutefois, les CVs ne disent pas tout. Dans cette catégorie, les experts nationaux pouvaient être pires que les internationaux, en faisant jouer leurs réseaux nationaux ou régionaux de pouvoir, de politique, de famille influente. Ces réseaux influents allaient les

[30] Principe de Peter : dans une hiérarchie, tout employé à tendance à s'élever à son niveau d'incompétence », avec pour corollaire que « avec le temps, tout poste sera occupé par un employé incapable d'en assumer la responsabilité ».

aider à se faire recruter malgré leur incompétence, ils allaient devenir des « boulets » des projets, au même titre que certains internationaux comme indiqués plus haut. Certains passaient par des réseaux « mafieux », n'hésitaient pas à utiliser la délation ou le double langage, à semer le doute et à se liguer contre les internationaux pour prendre leur place. Certains même n'hésitaient pas à utiliser leur « double nationalité » pour obtenir un statut d'expert international, alors qu'ils n'avaient aucune expérience de travail en dehors de leur pays d'origine. Dans le court terme, ils pouvaient gagner, mais dans le moyen et long terme, heureusement, quand un écrémage politique s'opérait ou que la masse critique d'acteurs sérieux se mobilisait, ces « experts » étaient souvent mis de côté, oubliés ou relégués à des tâches subalternes. Rassurons-nous, cette catégorie d'experts n'est pas spécifique des pays en voie de développement, nous avons aussi les mêmes « crapules » dans les pays développés.

Qu'en est-il des fonctionnaires, cadres techniques et administratifs des institutions nationales ou locales avec qui nous travaillions ? Là aussi, il existe plusieurs situations, qui dépendent de nombreux facteurs dont la situation socio-économique du pays, sa gouvernance, son niveau de démocratie et de décentralisation ainsi que le niveau d'éducation du personnel de la fonction publique.

Nous prendrons ici quelques exemples que j'ai connus, mais chaque cas est différent et on ne peut pas généraliser.

Toutefois, je constatais que c'est dans les pays à faible PIB/habitant, à décalage relativement élevé entre PIB global et PIB/habitant, avec un fort coefficient de GINI[31], un indice de

---

[31] L'indice (ou coefficient) de Gini est un indicateur synthétique permettant de rendre compte du niveau d'inégalité pour une variable et sur une population donnée. Il varie entre 0 (égalité parfaite) et 1 (inégalité extrême). Entre 0 et 1, l'inégalité est d'autant plus forte que l'indice de Gini est élevé. Il est égal à 0 dans une situation d'égalité parfaite où la variable prend une valeur identique sur l'ensemble de la population. À l'autre extrême, il est égal à 1 dans la situation la plus inégalitaire possible, où la variable vaut 0 sur toute la population à l'exception d'un seul individu. Les inégalités ainsi mesurées peuvent porter sur des variables de revenus, de salaires, de niveau de vie, etc.

corruption élevé, une tendance stable d'un IDH faible, des salaires faibles dans la fonction publique ne permettant pas l'ascenseur social et une incapacité ou manque de volonté à faire appliquer les lois, que les projets avec financements internationaux étaient le plus difficiles à gérer. L'analyse croisée de l'ensemble de ces indicateurs indiquait en effet des pays où les riches et les puissants pouvaient se jouer relativement facilement des lois pour détourner les budgets ou les utiliser à leur profit, en arrosant en amont et en aval pour assurer une masse critique suffisante d'acteurs motivés par un objectif commun : celui de détourner le maximum de budget international à leur profit personnel. Dans mon expérience personnelle de mission longue, c'est au Népal que je connus la situation la plus flagrante, au regard du fort niveau de pauvreté et de vulnérabilité en zone rurale. Dans ces situations, il est alors difficile pour le bureau d'études, les experts et même les financeurs de contrer ces malversations, quelquefois couvertes à haut niveau. Les experts avaient le choix de démissionner ou de se faire virer pour ne pas faire partie de ces malversations, ou de se mettre des œillères pour garder leur poste, se réfugiant sous leur statut de « conseiller ». Dans ces situations, certains experts allaient même prendre position pour les locaux, en justifiant leurs actions par des arguments de pauvreté, de pays en voie de développement, de non-ingérence dans les choix des pays, etc. Ils devenaient donc acteurs de ces méfaits, au mépris des valeurs et des principes de base des conventions de financement signées par l'ensemble des parties. Dans ces pays, les experts des projets étaient donc régulièrement confrontés, quelquefois de manière chronique, à des tentatives de magouilles aux mécanismes bien rodés : fausses factures, appels d'offres truqués, études de faisabilité arrangeantes, contrats de construction gonflés, quantité et qualité des travaux en dessous des standards attendus, emplois par copinage, etc. Dans ces situations, certains « seconds » n'ayant aucun bénéfice de ces malversations pouvaient se plaindre aux experts, dénoncer oralement et en aparté les attitudes et les comportements de leurs « chefs », jouer même les victimes du système. Toutefois, si par hasard ce second remplaçait son « chef » pris la main dans le sac, il n'était pas rare que le pouvoir lui monte à la tête et qu'il prenne rapidement la même habitude, quelquefois en pire : il était en fait formaté par le système.

À l'inverse, dans les pays en mesure d'appliquer les lois, avec des mécanismes plus efficaces de lutte contre la corruption, un coefficient de GINI relativement bas et une gouvernance plus participative (en général les pays en voie de développement avec un niveau démocratique plus avancé et ayant un PIB/habitant de plus de 2 000 dollars/an dans les années 1990-2000), les institutions publiques pouvaient potentiellement gérer ces projets à financement international en respect des objectifs. Un ministre convaincu et intéressé par l'importance du développement de son pays facilitait souvent l'expression de ce potentiel sur toute la ligne de son ministère. Le projet pouvait alors suivre un cap efficace et monter en puissance pour apporter une contribution significative au pays. Si par contre, l'intérêt du « pouvoir » chez les responsables primait in fine dans les choix et les processus de décision, le projet allait être chahuté au gré des élections, des décisions lors des réunions tripartites, des congrès du Parti, etc.

Dans les pays « centralisés », exigeants avec un fort contrôle que j'ai connus, le fonctionnaire est « encouragé » par la contrainte du système « Top Down », il en va de son avenir professionnel. Pour un projet, l'engagement institutionnel vis-à-vis du projet fonctionne avec un certain professionnalisme dans le cadre politique du pays. Toutefois, l'engagement des fonctionnaires reste souvent « mécanique ». Le cadre politique n'est pas favorable au remue-méninges (Brainstorming), aux débats et aux solutions innovantes pour faire bouger les lignes, surtout aux échelons régionaux et provinciaux dépendant des consignes et directives centrales. Au niveau central, si la majorité se contente de pousser les papiers de l'administration dans le sens du « cadre » et de la volonté des supérieurs, certains responsables ou cadres haut placés dans le Parti pourront tenter de sortir un peu du « cadre ». Certains pour le bien du pays, en faisant bouger les lignes vers plus de performance, d'initiatives locales, de délégation de pouvoir aux échelons inférieurs, de meilleure gouvernance, utilisant les projets pour accélérer les changements. Ils peuvent en tirer les honneurs et la reconnaissance s'ils le font au bon moment, ou se retrouver dans une voie de garage si leur action est trop d'avant-garde ou a fait de l'ombre aux échelons supérieurs. D'autres, par contre, utiliseront leur pouvoir pour leur intérêt personnel, les projets internationaux leur fournissant des moyens supplémentaires pour y parvenir. Dans ce cas, les experts internationaux peuvent se retrouver en sandwich dans des tentatives « corruptives », dont le dénouement implique le plus souvent une tête qui saute pour protéger l'échelon supérieur. Si on n'arrive pas à trouver de fautes professionnelles pour un expert qui doit servir de fusible, on utilisera, selon les pays, des raisons diverses comme : utilisation de voiture du projet à des fins personnelles, participations ou actions politiques ou religieuses, copine locale contraire aux pratiques du pays, activités du projet ne justifiant plus la présence d'un expert, etc. Dans ces situations, dans ces pays centralisés, les bureaux d'études et même les financeurs restent souvent impuissants à rectifier le tir et à protéger les experts pris en sandwich dans un projet en cours, pour éviter un conflit diplomatique. Pourtant, certains financeurs, en particulier dans les pays scandinaves, l'ont fait dans quelques pays en voie de développement, se retirant lorsque le niveau de mauvaise gouvernance fut jugé inacceptable.

Dans les pays centralisés avec un fort contrôle, mais peu exigeants, l'ambiance est la même que dans le cas précédent, avec beaucoup moins de professionnalisme. Il est difficile dans le cadre d'un projet de renforcer les capacités institutionnelles. Au contraire même, certains fonctionnaires les plus compétents, formés par les projets, démissionneront pour mettre à profit leurs nouvelles compétences au service du secteur privé, vidant le service public de ses meilleurs éléments. À l'autre extrême, les plus « corrompus » mettront en pratique leurs formations qui les rendent plus performants pour commettre leurs méfaits.

Dans les pays plus démocratiques avec une gouvernance « appropriée », les fonctionnaires et les cadres ont plus de marge de manœuvre pour faire bouger les lignes, adopter des innovations et de vraies approches participatives. Si la masse critique de personnes est suffisante et favorable pour initier les changements dans le bon sens, les projets arrivent à des résultats intéressants et même à agir sur les niveaux institutionnels, stratégiques et politiques. En Afrique, c'est au Ghana que je connus le cas le plus favorable. En Europe de l'Est, hors Union européenne, c'est en Croatie et dans une certaine mesure en Albanie que les choses bougeaient dans le bon sens, avec bien sûr comme motivation l'accession à l'Union européenne. En revanche, sans cette masse critique suffisante d'acteurs des secteurs publics, le projet peut partir dans tous les sens, comme ce fut le cas dans certains projets : au Liban et aux Philippines.

Globalement, en 2024, tous ces cas de figure existent toujours. Je dirais qu'au cours des 40 années de travail dans les pays en voie de développement, si les lois et les systèmes de contrôle se sont renforcés, les astuces pour les détourner ont évolué au même rythme. J'ai pu constater qu'il y a moins de scrupules et de sens de la faute qu'autrefois dans les détournements de budget de projets sur le terrain. Par contre, avec les appuis budgétaires des bailleurs de fonds, les gouvernements restent prudents et vigilants, car les missions externes de suivi et d'évaluation veillent sur le respect des engagements et des cibles à atteindre, qui conditionnent l'accès aux futures tranches de financement.

C'est à cette période que de nombreuses associations et autres organisations non gouvernementales, incluses dans le groupe des OSC (Organisations de la société civile) furent développées ou créées pour relayer le travail sur le terrain. En dehors de celles créées « politiquement » ou « récupérées » dans certains pays, beaucoup d'OSC purent s'exprimer dans les pays suffisamment démocratiques avec une vraie culture associative et militante et purent faire passer des idées anticonformistes. Beaucoup prirent des risques, quelquefois au péril de leur vie, pour défendre leurs valeurs, principes, actions, populations locales et capital environnemental des territoires. C'est dans les secteurs de l'aide d'urgence, de l'aide aux réfugiés, de la protection de l'environnement, du développement rural dans les zones traversées par les bandes armées, mercenaires ou demandeurs de rançons que leurs actions et services de proximité furent les plus délicats à mener. De nombreux financeurs (Commission européenne, Banque mondiale, MAVA, FFEM, AFD, etc.) réussirent, selon les pays, à les intégrer dans la planification et la mise en œuvre de projets, de manière à consolider la dimension « terrain » des actions et apporter un service de proximité lorsque le secteur public ne pouvait pas l'assurer. Si leur inclusion dans les financements internationaux pour des projets de développement et de conservation, gérés par le secteur public, risquait de faire perdre en partie aux OSC leur position et leur rôle « non gouvernemental », je constatais que globalement, ces mécanismes de financement avaient renforcé la professionnalisation et la visibilité de la société civile. Ces mécanismes avaient aussi obligé des états à plus travailler avec les ONG et les associations comme acteurs territoriaux à part entière et à un certain point, mieux reconnaître leur professionnalisme et leur complémentarité dans les projets avec les acteurs publics. Dans certains pays, des acteurs publics fournissaient même des informations en sous-main aux associations quand ils considéraient que les politiques et les fonctionnaires n'allaient pas assez vite ou ne prenaient pas les bonnes décisions, de manière à ce que la société civile puisse accroître leur capacité d'influence.

Des instituts et universités se sont spécialisés dans la recherche-développement, dans le test et l'évaluation des nouvelles approches, que ce soit aux USA, en Angleterre, en Allemagne, en France, en Italie, en Australie, au Canada, etc. Ils allaient progressivement développer des branches et des partenariats dans des pays en développement, en Thaïlande, au Sénégal, au Kenya, en Inde, en Chine, etc.

À cette période, alors que l'on tentait de passer d'un système de suivi des performances de projet à un système de suivi-évaluation incluant les impacts socio-économiques, on commençait aussi à préparer le concept de lutte contre la pauvreté qui allait se concrétiser en 2000 par le lancement des Objectifs de Développement du Millénaire. Notre projet au Laos ayant obtenu le titre de meilleur projet de développement rural en Asie du Sud-Est entre 1992 et 1994, avec un film réalisé par Azimuth, je fus invité à deux reprises par les Nations Unies à New York pour participer aux discussions préparatoires aux OMD, en particulier sur les indicateurs de suivi et les méthodes participatives à adopter.

Suite au sommet de Rio de Janeiro en 1992[32], l'environnement devint un agenda international, à travers le traité du 5 juin 1992 et la mise en place de trois conventions, dont celle de la diversité biologique (CDB) et le protocole de Kyoto. Il permit aussi l'accord de l'Agenda 21[33], plan d'action pour le XXIe siècle adopté par 182 chefs d'État, concernant les collectivités territoriales : régions, départements, communes, ainsi que les établissements publics comme les communautés de communes et les communautés d'agglomération. En 2015, l'agenda 2030 succède à l'agenda 21. Ce sommet de Rio allait rapidement influencer les états signataires à prendre des mesures rapides. Celles-ci concernaient par exemple la création de ministères de l'Environnement, la mise aux normes des politiques-cadres légaux sur les aires protégées, l'identification et la mise en place de nouvelles aires protégées, l'actualisation périodique de l'état de l'environnement, de nouvelles mesures pour mieux protéger les forêts et la biodiversité.

C'est en 1999, suite à la création du Forum de Davos (1971) et du G7 (1975), et à différentes crises financières, que fut créé le G20. C'est aussi à cette période que furent développés, de manière macro, les programmes d'ajustement structurel des États, appuyés par le Fonds monétaire international (FMI) et la

---

32 Cette conférence, dans le prolongement de la conférence internationale sur l'environnement humain (le premier Sommet de la Terre, s'étant déroulé en 1972 à Stockholm), a été marquée par l'adoption d'un texte fondateur de 27 principes, intitulé « Déclaration de Rio sur l'environnement et le développement », qui précise la notion de développement durable.

33 Avec ses 40 chapitres, ce plan d'action décrit les secteurs où le développement durable doit s'appliquer dans le cadre des collectivités territoriales. Il formule des recommandations dans des domaines de la pauvreté, de la santé, du logement, de la pollution, de la richesse, de la gestion des mers, des forêts et des montagnes, la désertification, de la gestion des ressources en eau et de l'assainissement, de la gestion de l'agriculture et de la gestion des déchets.

Banque mondiale. Selon les pays, ces programmes basés sur des réformes économiques touchaient le cadre législatif, la fiscalité, la gouvernance, la lutte contre la corruption, la privatisation, la restructuration de la fonction publique, etc. Pendant le même temps, les Nations Unies développaient de nouveaux indices composites comparatifs de la situation des États, au-delà du PIB et PIB par habitant, qui allaient devenir à partir du début des années 2000 une référence internationale : l'Indice de développement humain (IDH)[34], l'Indice de pauvreté, etc. C'est aussi à cette période que les Nations Unies démarrèrent le NEX (système d'exécution nationale)[35] qui allait modifier les modalités de mise en œuvre des projets.

---

[34] L'indice de développement humain, créé par le PNUD en 1990, est un indice composite allant de 0 à 1, calculé à partir de différents indices : espérance de vie, indice d'éducation et indice de revenu. Il permet de classer chaque année les états membres des Nations Unies pour estimer les évolutions et efforts par pays. Depuis 2010, l'IDHI permet d'estimer les inégalités entre ces trois composantes. Selon la valeur de l'indice (très élevé, élevé, moyen et faible), les pays sont classés comme « développés » (indice égal ou supérieur à 0,750), « en développement » (indice compris entre 0,5 et 0,75) ou « en voie de développement » (indice inférieur à 0,5). En 2021, la Suisse arrivait en première position (IDH = 0,962) la France en 28e position (IDH = 0,903), le Soudan du Sud en dernière (191) position (IDH= 0,385).

[35] En 1992, le PNUD adopta le NEX, c'est-à-dire un mode « Exécution nationale » qui fit suite à un rapport de l'efficacité d'agences des Nations Unies, évaluation réalisée par les pays scandinaves, gros financeurs des Nations Unies. Cette nouvelle modalité provoqua, au niveau du terrain, un séisme à plusieurs niveaux : on passait de la simple signature des décisions de dépenses par le chef international de projet à la double signature avec le chef national de projet ; on ouvrait les appels à projets au secteur privé et plus seulement aux agences des Nations Unies comme la FAO, l'UNICEF, l'UNIFEM, etc. ; les nouveaux projets pouvaient passer par gestion directe du PNUD, sans agence d'exécution ; recrutement facilité de consultants nationaux ; décentralisation des bureaux des Nations Unies de New York dans des bureaux régionaux comme à Kuala Lumpur et Addis Abeba et réduction de 25 % du personnel à New York. Si la tendance vers plus de responsabilisation et de professionnalisation des états à prendre en charge leur développement était louable, l'origine du NEX était beaucoup moins morale : les Nations Unies étaient peu efficaces et il fallait réduire les coûts administratifs. C'était donc avant tout une question d'argent et d'efficacité, plutôt qu'une réflexion sur une démarche d'appropriation progressive des états à prendre en charge et gérer leur développement. Ainsi, aucun diagnostic préalable des situations du pays ne fut réalisé à l'amont du NEX, qui aurait permis, selon les pays, des conditions

Dans le même temps, on facilitait la privatisation de compagnies internationales de développement qui allaient remplacer celles initiées par le public (BDPA, BCEOM[36], SODETEG, SOGREAH, BRL, etc. pour celles françaises). On commençait aussi à institutionnaliser les systèmes d'appel d'offres internationaux. Ces tendances plus transparentes eurent des effets positifs comme la plus forte compétition entre bureaux d'études pour préparer des offres de qualité et rechercher des CVs plus adaptés. L'association entre les bureaux internationaux et nationaux dans les projets commença à se matérialiser avant de devenir la norme. Il y eut des conséquences moins heureuses. Par exemple, les grosses compagnies de développement international qui avaient développé et capitalisé des expériences, des références et des assistances techniques de terrain furent progressivement supplantées par des compagnies « ordinateur », gérant un réseau numérique de CV de consultants, ayant des bureaux autour des centres de financement (Bruxelles, Paris, Washington, Londres, etc.). Nous perdions rapidement l'expertise technique attachée aux financeurs (PNUD/FAO par exemple, puis DG8 (Direction générale 8) à la Commission européenne), puis celle, permanente liée aux compagnies de développement international, au profit de consultants recrutés à

---

préalables, des mises à niveau et des étapes adaptées. Ainsi, on l'appliquait de manière globale, quel que soit le niveau de développement du pays, leur gouvernance et leur capacité à gérer les programmes et projets. Si la mise en œuvre du NEX pouvait faire du sens dans des pays ayant déjà développé une gouvernance et un niveau d'éducation et de responsabilisation suffisante pour gérer des projets, comme dans certains pays d'Amérique du Sud, en Afrique du Sud, en Namibie et au Ghana, d'autres pays moins avancés comme le Laos étaient encore loin de pouvoir mettre en œuvre cette nouvelle modalité en maintenant le niveau de résultats attendus dans les projets internationaux. Les conséquences ne se firent pas attendre : accroissement de la corruption, copinage pour recruter des incompétents, CVs nationaux truqués pour répondre aux offres, demande d'un pourcentage du salaire de certains expatriés sous peine qu'ils se fassent virer, etc. Il fut alors de plus en plus difficile de gérer les projets des Nations Unies avec professionnalisme.

[36] Le BPDA et le BCEOM furent créés comme organismes publics après la seconde guerre mondiale. Le BDPA, sous le ministère de l'Agriculture, visait à soutenir la production agricole en Afrique et à Madagascar. Le BCEOM, entre 1949 et 2011, était un bureau d'Études pour les Équipements d'Outre-Mer, repris par EGIS en 2011.

la demande par des boîtes de consultants. Il s'ensuivit dans certains cas une perte du professionnalisme et de continuité de mémoire institutionnelle des leçons apprises. Ainsi, il ne fut pas rare que l'on refasse 2 ou 3 fois le même projet ou la même étude, sans savoir qu'il ou elle avait déjà été fait, quelquefois même en mieux. Certains malins réussirent même à vendre la même expertise à différents bailleurs de fonds ou bureaux d'études, changeant les dates, noms de pays et éléments de contexte.

Une autre conséquence fut la complexité administrative et financière de la gestion des cycles de projets, développée par de nombreux financeurs, pour se protéger par exemple du clientélisme et de la corruption. Au niveau de l'UE, la bible se nomme le PRAG (Guide pratique des procédures contractuelles)[37], démarré en 1996 avec la version « 21 » en 2024, 242 pages sans les annexes. Par cet objectif louable, on déplaçait progressivement le curseur, au niveau du terrain, de « l'administration au service du développement » vers le « développement au service de l'administration ». Cela se traduisit, sur le terrain, en retard à tous les niveaux, au choix de sociétés « moins disantes » incapables de travaux de qualité, à un décalage de « la corruption » du niveau de l'appel d'offres au niveau de la mise en œuvre, etc.

Deux autres évènements de cette période eurent des conséquences non négligeables sur le développement international. La chute du mur de Berlin en novembre 1989 avec la dissolution de l'URSS en 1991 et la fin de la guerre froide, qui rebattit les cartes politiques de l'appui et de l'aide internationale selon les pays. Ensuite, la guerre du Golfe qui se déclara en août 1990 en Irak suite à l'invasion du Koweït par l'Irak (opération Bouclier du désert puis l'opération Tempête du désert), emmenée par les USA puis la coalition internationale. Le prétexte des armes de destruction massive divisa les pays et surtout, créa de nombreuses tensions, violences et pertes de

[37] Contrôle renforcé après 1999, suite au scandale dénoncé à la Commission européenne sous la présidence d'Edith Cresson : fraudres, irrégularités, détournement de fonds, corruption et népotisme.

confiance entre certaines populations, associations et organisations internationales. Nous allions perdre de nombreuses années à rétablir cette confiance acquise progressivement depuis les années 1960. En Asie du Sud-Est, la crise asiatique de juillet 1997, qui toucha particulièrement la Thaïlande et par ricochet les pays voisins, provoqua de fortes dévaluations du baht et du kip et des centaines de faillites. Étant au Laos à cette période, suite aux dévaluations, j'achetais du pastis au magasin en détaxe de la douane de Boten/Xayabury à 5 francs la bouteille (moins de 1 euro).

Il faut aussi rappeler, surtout pour les générations actuelles, que jusqu'à la fin des années 90, les ordinateurs et les téléphones mobiles ne faisaient pas partie du concept de développement rural, même si les premiers ordinateurs allaient être installés dans les administrations au début des années 90. Le travail se faisait en direct avec les populations, sur le terrain et dans les villages. Au lieu de taper sur un clavier, d'envoyer des textos et des emails, communiquer sur Facebook, chercher des prises pour recharger les batteries, être inondé de réclames, « news » et « fakenews », on allait sur le terrain, on se réunissait, on débattait en direct, on développait les stratégies et les concepts sur papier. On communiquait avec les administrations par lettre, télégramme, fax et téléphone fixe. On ne bénéficiait pas des facilités d'accès numérique à la bibliographie que l'on trouve maintenant via internet.

La période 2000-2015

Les années autour de l'année 2000 furent marquées par la « globalisation », ou plutôt la « globalisation de la mondialisation », le lancement des « Objectifs de Développement du Millénaire » (OMD), l'agenda sécuritaire et le développement du numérique, en particulier des ordinateurs et des téléphones mobiles.

Progressivement, au niveau des concepts d'aide au développement, on commençait à passer d'une échelle « projet » à une approche par programme, puis par secteur global (Sector Wide Approach » (SWAP) et par appui budgétaire, en lien avec la Déclaration de Paris sur l'efficacité de l'aide. Le SWAP visait à regrouper les institutions (publiques, privées, organisations de la société civile) pour discuter de manière large chaque secteur, et appuyer financièrement et techniquement des programmes définis par les gouvernements, selon des conditionnalités d'audit et de respect des cibles à atteindre dans l'agenda fixé. Ainsi, alors qu'avant, les programmes nationaux s'adaptaient en partie aux projets conçus et financés par l'aide internationale, les futurs projets rentraient en principe dans un programme national déjà discuté et défini, ce qui était plus logique. Des groupes sectoriels nationaux et des groupes nationaux-bailleurs de fonds furent créés pour suivre cette nouvelle dynamique. Cette logique fut d'abord testée dans les pays ayant adopté une gouvernance et une transparence jugées adaptées à ces nouvelles modalités d'aide extérieure. Dans certains pays où je travaillais, les administrations décentralisées et les ONG regrettèrent rapidement l'ancien système « projet » plus proche du terrain, quand ils constatèrent que l'approche « programme » transitant par le niveau central peinait à concrétiser le transfert de fonds, de compétences et les projets sur le terrain. Ce flux financier recentralisé n'allait pas dans le sens de la déconcentration et de la décentralisation (institutionnelle, financière) qui s'opéraient dans les pays, appuyés par l'aide internationale. L'appui budgétaire est un mécanisme d'aide qui s'est poursuivi et qui se développe encore en 2024. Il est conditionné par un contrat entre le pays et les bailleurs de fonds selon des objectifs définis (développement économique, emploi, justice, environnement, etc.), des calendriers, des méthodes des cibles à atteindre dans les temps, qui conditionnent le transfert de fonds. Des missions externes de suivi et d'évaluation sont régulièrement commanditées directement par les bailleurs de fonds pour s'assurer du respect des contrats et pour recommander les actions pour atteindre les objectifs. Dans le cadre de mon travail, j'étais dans un cadre « projet » en Somalie, au Laos et en Algérie, un cadre programme au Népal et au Maroc, un cadre SWAP et appui budgétaire au Ghana et un cadre d'appui budgétaire au Maroc.

C'est à cette période (2006) que fut créé le groupe des « BRICS »[38]. Les Brics cherchent à trouver des moyens de réformer les institutions financières internationales telles que le FMI et la Banque mondiale, afin de permettre aux économies émergentes de mieux se faire entendre et d'être mieux représentées. En 2014, les Brics ont créé la nouvelle banque de développement (NBD), dotée de 250 milliards de dollars, afin de prêter aux pays émergents de l'argent pour leur développement.

Les bureaux d'études internationaux commençaient à développer des consortiums pour répondre avec plus de chances de réussite aux appels d'offres. La compétition devenait difficile et ils durent être de plus en plus spécialisés dans les préparations de méthodologie, sélection et contrôle des CV des experts. Les bureaux internationaux s'associaient le plus souvent avec des bureaux d'études nationaux pour faciliter les relais locaux et répondre à la demande de renforcement des capacités nationales. Dans cette course farouche, certains bureaux apparurent, d'autres disparurent ou se firent racheter. Certains effectuèrent un repositionnement sur les nouveaux enjeux comme l'environnement, le changement climatique, les crédits « carbone », les programmes REDD+[39], les études sur les « Services des écosystèmes » et les « Solutions fondées sur la Nature », les formations y compris en ligne, etc. La course leur demandait un équilibre, ou un compromis, entre « l'honnêteté

---

[38] En 2001, un économiste de la banque d'investissement Goldman Sachs, Jim O'Neill, a créé l'acronyme « Bric » pour Brésil, Russie, Inde et Chine. Il s'agit de grands pays à revenu intermédiaire dont l'économie connaissait une croissance rapide à l'époque. Il a prédit qu'ils pourraient devenir les premières économies mondiales d'ici 2050. En 2006, les quatre pays ont décidé de s'unir pour former le groupe Bric. L'Afrique du Sud a rejoint le groupe des Brics en 2010, et l'Arabie Saoudite, l'Iran, l'Egypte, les Émirats arabes unis et l'Ethiopie en janvier 2024.

[39] La réduction des émissions de gaz à effet de serre dues à la déforestation et à la dégradation des forêts est une initiative internationale et transnationale lancée en 2008. Elle vise à lutter contre le réchauffement climatique provoqué par les émissions de gaz à effet de serre induites par la dégradation, destruction et fragmentation des forêts. Elle est coordonnée par l'ONU qui a mis en place le programme UN-REDD (en). Elle s'appuie sur des incitations financières et est indirectement liée au marché du carbone.

intellectuelle » de leur engagement pour les objectifs de développement et de protection de l'environnement, la nécessité de leur survie et le bénéfice économique en gagnant des offres, et le niveau d'acceptation potentiellement corruptif du processus d'appel d'offres (en particulier avec le client). De plus, ces consortiums et partenariats allaient réduire leur marge, en particulier sur les experts, car c'est bien sur le coût d'expertise que les principaux bénéfices des bureaux d'études se font. Alors, certains bureaux d'études allaient faire varier le curseur des équilibres initiaux en s'employant à des mécanismes alternatifs pour récupérer une partie de leur manque à gagner. Certains allaient payer leurs experts après plusieurs mois, faisant tourner les intérêts dans leurs banques. Certains allaient proposer des experts « champions », mais coûteux pour gagner l'appel d'offres, qu'ils allaient remplacer après quelques mois par un expert moins cher de second rang. D'autres allaient se rattraper financièrement sur les experts à court terme, qui ne font pas partie nommément de l'offre initiale, en retenant uniquement les moins-disants, et souvent, pas les meilleurs. D'autres encore n'allaient pas hésiter à savonner la planche d'un expert retenu du consortium qui n'était pas de leur bureau d'études pour le faire virer après le début du projet et proposer un expert de chez eux. Certains, plus opportunistes, n'hésitaient pas, en fonction de la tournure du vent du projet, à supporter les idées du bailleur de fonds (par exemple quand le bureau d'études était en train de soumissionner son offre pour un autre projet dans le même pays avec le même financeur), ou le client national même si le projet prenait une mauvaise direction (pour s'assurer de pouvoir poursuivre le projet et être payé). Dans presque tous les cas, en raison des nouveaux équilibres adoptés par les bureaux d'études, ces derniers apportaient globalement de moins en moins de soutien à leurs experts sur le terrain, même si ces derniers défendaient avec raison la cause et les principes du projet contre des tentatives de déviation du client. En effet, leur survie dépendant de plus en plus du binôme financeur - client, les bureaux d'études trouvaient toujours des experts dans les larges bases de CVs qu'ils avaient accumulé. Je ne leur jette pas la pierre, c'était le jeu du moment. Il suffit de savoir, en tant qu'expert, quel bureau d'études privilégier et à quel moment notre sens moral pour le développement nous indique de ne plus faire partie de ces équilibres d'acteurs. Je démissionnais trois fois pendant cette période.

Les associations continuaient à développer leur professionnalisme dans les pays ayant acquis un niveau de démocratie et de gouvernance suffisamment favorables comme en Inde, au Bangladesh, au Népal, aux Philippines, au Liban, au Sénégal, au Ghana, Mozambique. Certaines furent précurseurs de nouveaux concepts et services de proximité, que ce soit dans les méthodes d'accompagnement, de microcrédits et de microfinances, de banques, cagnottes et fonds renouvelables villageois, de gestions environnementales, d'événementiels, de plaidoyers, d'éducation, etc. Par contre, dans les pays ayant maintenu les décisions centralisées, avec une dominance étatique et un système de contrôle plus poussé, comme en Corée du Nord, en Chine, au Maroc, en Algérie, au Vietnam, au Laos, la dynamique du mouvement associatif espéré dans les années 80 et 90 s'essouffla. Les militants de la première heure finirent par se retirer ou émigrer par désillusion, ceux qui restèrent furent contrôlés, muselés, regroupés sous une « coordination » étatique et quelquefois arrêtés, malgré les différentes tentatives de l'aide internationale à les intégrer dans leurs projets. Restèrent souvent, dans ces pays, les associations portées politiquement et financièrement, ne s'activant qu'au rythme des subventions : les « pompes à fric », des groupements d'associations suffisamment fortes pour maintenir des activités, souvent en lien avec des OSC internationales et quelques petites associations de proximité accomplissant souvent des activités de manière volontaire. Mais ne nous trompons pas d'analyse. On entend souvent les gouvernements de ces pays dénigrer la société civile et leur reprocher leur manque de professionnalisme. Or, ce résultat est en grande partie la conséquence des décisions politiques et légales de ces gouvernements soucieux de maintenir leur gouvernance centralisée et descendante. Malgré les discours et les effets d'annonce, l'action ascendante et éducatrice des OSC par le bas ne rentre pas dans leur projet politique. Dans ces pays, la faiblesse actuelle de la société civile et leur manque de professionnalisme que les gouvernements pointent, c'est justement l'objectif voulu de ces états, pour les maintenir à l'écart des acteurs du développement, ou comme acteurs de second rang pour des sujets sans enjeux. Lot de consolation, avec les réductions de budget étatiques, l'endettement des états, le non-remplacement des fonctionnaires partant à la retraite, la privatisation des services, ces gouvernements sont et seront à l'avenir de plus en plus en incapacité d'assurer les services territoriaux publics et encore moins ceux de proximité. Les associations sérieuses pourraient attendre leur moment de gloire. Auront-elles alors su garder l'héritage de l'histoire de la société civile émergeant surtout depuis le XVIIe siècle et ayant évolué comme « contre-pouvoir politique » au début du XXe siècle ? Auront-elles su maintenir la culture « associative », « militante », « non gouvernementale », « non lucrative », et « de proximité » et continuer à privilégier « l'approche ascendante » de l'appui au développement et à la protection de l'environnement ?

La position des financeurs n'était pas très facile à cette période non plus. Ils étaient fortement contrôlés et audités par leur siège et devaient s'assurer de remplir les cases en termes d'obtentions de cibles, de décaissement, de résultats, de revue stratégique, etc. Comme indiqué plus haut, depuis la fin des années 90, on avait largement glissé vers « le développement au service de l'administration du financeur ». Leur section « finance » et leurs « procédures administratives » avaient quelquefois le dernier mot dans les décisions de développement du projet. Et cela contre toute logique de calendrier d'activités, de conditions saisonnières, de disponibilité de la main-d'œuvre sur le terrain, de qualité de travail à réaliser, etc.

Pour illustrer cette difficulté sur le terrain, voici une situation vécue antérieurement à la période 2000-2015 dans le cadre d'un projet de petite irrigation au nord du Laos, financé par le PNUD et le FENU.

- *Comment obtenir 3 devis quand il n'existe qu'une entreprise ?*

En 1991, nous devions lancer les offres pour les premiers chantiers de construction des périmètres irrigués de Huay et de Nam Fen dans le district de Xay de la province d'Oudomxay. À cette période, il n'y avait qu'une branche provinciale d'une société étatique nationale de construction basée à Oudomxay, le secteur privé n'existant toujours pas. Or, dans les procédures administratives du PNUD, il fallait un minimum de trois offres. Si cette procédure est compréhensible, comment fait-on dans des pays communistes, avec uniquement des entreprises étatiques centralisées ? Pas prévu dans les procédures ! Bon, je me rends à Vientiane pour expliquer le cas, donner tous les arguments, prouver qu'aucune autre compagnie locale ne pourra être trouvée et que les autres compagnies étatiques ne répondront pas à l'offre, car trop éloignées d'Oudomxay. Le chef des finances, inflexible, nous dit : débrouillez-vous, il me faut trois offres. Le chef des finances faisant la loi, les chargés du projet au PNUD, conscients de l'absurdité, ne pouvaient rien faire.

Au retour à Oudomxay, après concertation avec la province, on se dit que comme la frontière avec la Chine vient d'ouvrir, pourquoi ne pas tenter de trouver des compagnies chinoises à Mengla, de l'autre côté de la frontière, en passant par le poste de Boten. Ni une ni deux, les autorités provinciales, qui n'étaient pas encore allées en Chine depuis la décision d'ouverture de la frontière, arrangent les papiers de la voiture pour le passage. À cette période, la demande de visa pour les étrangers prenant beaucoup de temps, les autorités provinciales nous proposèrent de nous emmener. Nous passons la frontière et deux jours à Mengla et l'on réussit à obtenir des rendez-vous avec trois sociétés de construction, à qui on laisse les appels d'offres en anglais. Elles se disent intéressées, aucune n'est encore venue travailler au Laos. On leur explique en gros comment répondre selon les procédures du PNUD. Même si leur anglais est plus qu'approximatif, on comprend qu'ils vont trouver un traducteur et qu'ils savent déjà répondre à des offres. Nous sommes un peu sceptiques, mais bon, on aura tenté.

Nous retournons ensuite au Laos. Le mois suivant, nous recevons deux offres chinoises. Avec celle de la société étatique lao, nous avons enfin nos trois offres, nous avions suivi les procédures. À quelques mois près, nous aurions été incapables d'avoir trois offres, car la frontière entre le Laos et la Chine ne fut ouverte que fin 1990. Par contre, avec trois mois de retard en raison des « procédures », la saison des pluies arrive, on ne peut pas démarrer la construction du réseau d'irrigation comme prévu, notre programme sera décalé d'un an !

Je dois dire que dans cette période 2000-2015, j'eus globalement la chance de pouvoir travailler avec des bailleurs de fonds (UE, Banque mondiale, KfW/GIZ, AFD, FFEM, DFID, MAVA, Fondation Albert II de Monaco, Fondation Total, Banque asiatique de développement, Fonds Livelihoods) qui avaient fait évoluer leur concept, leur cadre stratégique de financement et leurs méthodes de gestion de projet dans le bon sens. Ils disposaient souvent, au niveau du siège et des pays, de personnes compétentes et relativement à l'écoute des problématiques de terrain. Dans certains cas, ils furent même moteurs pour appuyer les experts de terrain dans leur démarche. Toutefois, les chargés de programme avaient toujours du mal à négocier les situations particulières et d'urgence avec les sections des finances qui avaient souvent tendance à se réfugier derrière les procédures. Depuis les années 2010, ils renforcent tous leur engagement environnemental et leurs conditionnalités écologiques pour le développement. En travaillant avec eux, je pus aussi constater qu'ils faisaient partie des premiers informés des nouvelles décisions internationales prises au niveau des COP, des conférences et congrès internationaux, du G7[40], du G20[41], du forum de Davos[42]. Au niveau des projets, nous allions être au courant et mettre en œuvre ces nouvelles décisions des années plus tard, alors que de nouvelles décisions étaient déjà actées au niveau des financeurs. C'est suite à ma première expérience au PNUD en 1988-1991 au Laos que je décidais de maintenir des liens avec le réseau des financeurs, mais aussi des instituts de recherche et de développement, pour ne pas subir ce décalage entre les décisions/processus de décision et leur mise en œuvre. Je rentrais donc progressivement dans le réseau PNUD, Nations Unies OMD/ODD, UE, CIRAD, DFID, CBD, Ramsar, IPBES,

---

[40] Le Groupe des sept (G7) est un groupe de discussion et de partenariat économique de sept pays réputés en 1975 pour être les plus grandes puissances avancées du monde qui détiennent environ les 2/3 de la richesse nette mondiale, puis 45 % en 2019 : Allemagne, Canada, États-Unis, France, Italie, Japon et Royaume-Uni. Le groupe rassemble 7 des 10 pays avec le plus important PIB du monde, avec l'absence notable de la Chine qui occupe le 2e rang et de l'Inde qui occupe le 5e rang (en 2021). Le sommet du G7 réunit chaque année les chefs d'État ou de gouvernement de ces pays et les présidents de la Commission et du Conseil européens (ainsi que, pour certaines activités, des représentants d'autres pays ou d'autres unions internationales, invités à participer).

[41] Le Groupe des vingt (G20) est un forum intergouvernemental composé de dix-neuf des pays aux économies les plus développées, de l'Union européenne et de l'Union africaine, dont les chefs d'État, chefs de gouvernement, ministres des finances et chefs des banques centrales se réunissent annuellement. Il est créé en 1999, après une succession de crises financières dans les années 1990. Il vise à favoriser la concertation internationale, en intégrant le principe d'un dialogue élargi tenant compte du poids économique croissant pris par un certain nombre de pays. En 2021, le G20 représente 75 % du commerce mondial, près des deux tiers de la population mondiale et plus de 80 % du produit mondial brut (somme des PIB de tous les pays du monde). Le G20 se décline sous trois formes : les G20 regroupant des chefs d'État et de gouvernement, les G20 finance regroupant les ministres des finances et les gouverneurs des banques centrales et, depuis avril 2010, les G20 sociaux réunissent les ministres de l'emploi.

[42] Le Forum économique mondial ou FEM (en anglais : World Economic Forum, abrégé WEF), souvent appelé Forum de Davos, est une fondation à but non lucratif et organisation de lobbying créée en 1971 par Klaus Schwab, d'abord sous le nom de « Symposium européen du management » avant de prendre son nom actuel en 1987. Le forum est célèbre pour sa réunion annuelle de janvier à Davos, en Suisse. Il réunit des patrons de multinationales, des banquiers, des milliardaires, de puissants responsables politiques et des intellectuels influents du monde entier.

AFD, FFEM, Convention de Barcelone.

En matière de développement rural et agricole international, la période 2000-2015 démarrait bien avec le lancement officiel des Objectifs de Développement du Millénaire qui allait engager presque tous les pays en voie de développement dans un programme par objectif et par cible, évalué au niveau des impacts. Ce programme allait accélérer un processus de développement plus équitable et plus intégré, évalué régulièrement au niveau international. Pour moi, ce fut l'un de principaux succès de développement international de ces quatre dernières décennies. L'engagement des états fut aussi motivé par la crainte d'être le « mauvais élève » des OMD, qui serait alors pointé du doigt dans les rapports annuels de suivi des Nations Unies. Cette motivation jouait particulièrement entre pays en « compétition », comme entre l'Algérie et le Maroc. Dans ces deux pays, j'avais pu constater combien ce rapport annuel était attendu des deux côtés de la frontière et catalyseur d'effets politiques immédiats pour reprendre la main sur les cibles aux résultats moins bons que chez leur « voisin ».

Les accords internationaux[43] tendaient à s'harmoniser et à se compléter pour améliorer l'efficacité des engagements des états.

---

[43] Parmi ces accords internationaux et régionaux : Objectifs de développement durable, Convention de la diversité biologique, Convention-cadre des Nations unies sur les changements climatiques, Convention des Nations Unies sur la lutte contre la désertification, Convention de Ramsar, Convention CMS (Convention de Bonn), Convention relative à la conservation de la vie sauvage et du milieu naturel de l'Europe (dite de BERNE), Plateforme intergouvernementale scientifique et politique sur la biodiversité et les services écosystémiques (IPBES), Convention sur le commerce international des espèces de faune et de flore sauvages menacées d'extinction (CITES), Convention 169 de l'Organisation internationale du travail relative aux peuples indigènes et tribaux, Déclaration des Nations Unies sur les droits des peuples autochtones, Accord sur la conservation des oiseaux d'eau migrateurs d'Afrique-Eurasie (AEWA), Convention des Nations Unies sur le droit de la mer, Points chauds de biodiversité et aires clés de biodiversité, Convention de Vienne pour la protection de la couche d'ozone, Convention pour la protection du patrimoine mondial, culturel et naturel UNESCO, Homme et Biosphère (MAB/UNESCO), Réseau Systèmes ingénieux du patrimoine agricole mondial

Le changement climatique, suite au processus du protocole de Kyoto démarré en 1990, débouchait sur la consolidation du GIEC (Groupe d'experts intergouvernemental sur l'évolution du climat démarré en 1988) et sur la Convention-cadre des Nations unies sur les changements climatiques (CCNUCC) qui fut ratifiée par 189 pays en 2004. Une COP (Conférence of Parties), fut organisée chaque année depuis 1995. Ce n'est qu'à la COP 21 en 2015, que fut adopté, à l'unanimité, l'Accord de Paris sur le climat, avec l'engagement de 195 pays à limiter le réchauffement climatique à moins de 2 °C. Toutefois, cet accord n'est pas contraignant. Jusqu'en 2015, les effets du changement climatique sur les écosystèmes et sur les dynamiques agricoles et rurales étaient encore souvent considérés comme secondaires par rapport aux facteurs anthropiques (pollution, artificialisation des terres, barrages, etc.). Malgré l'accélération du changement climatique depuis 2015, les engagements de la dernière COP28 à Dubai fin 2023 restent en demi-teinte.

Malheureusement, les évènements du 11 septembre 2001 à New York, la guerre en Afghanistan (2001-2021)[44] et le développement et la ramification des organisations terroristes (Al-Qaïda, Aqmi (branche Al-Qaïda Maghreb et Sahel), Daech, maoïste (Népal), Boko Haram (Nigéria, Tchad, Niger, Centrafrique), Forces démocratiques alliées (ADF) au Congo et en Ouganda, Al-Mourabitoune (Sahara, Afrique de l'Ouest), Ansar al-Charia (Libye), Shabab et actes de piratage en Somalie, groupes de mercenaires (Centrafrique), et dans une moindre mesure ou de manière plus localisée des groupes indépendantistes[45], contrecarrèrent fortement le potentiel de

(SIPAM)//FAO Convention de la protection de la mer Méditerranée contre la pollution (Convention de Barcelone et protocoles associés).

[44] Suite au 11 septembre, les Etats-unis déclare la guerre contre Al-Qaïda, aux talibans et à Oussama Ben Laden en Afghanistan à partir de novembre 2001, avec la contribution militaire de l'Alliance du Nord et d'autres nations occidentales (Royaume-Uni, France, Canada, etc.). Cette guerre s'inscrit dans la « guerre contre le terrorisme » déclarée par l'administration Bush.

[45] Très nombreux mouvements sur tous les continents, quelquefois associés à des violences mortelles et longues (exemple, Tamil Tigers au Sri Lanka (Tigres de libération de l'Îlam tamoul) : 1976 - 2009, 70 000 à 100 000 morts ; Tibet 1951 - 1984, pas de chiffres officiels, mais 1,2 millions de morts selon le

développement international prévu dans le cadre des OMD et de la coopération internationale dans les zones affectées : perte de confiance entre acteurs du développement, augmentation des budgets d'armement et de guerre au détriment de l'aide au développement, insécurité réduisant les initiatives et investissements privés et publics dans le développement, braconnage à grande échelle dans les zones non sécurisées. C'est la même année que la dimension « sécurité » commença à être intégrée dans les stratégies de développement rural de nombreux pays. Elle fut par exemple incluse dans la nouvelle stratégie de développement rural de la Namibie que nous avions élaboré en fin 2001. Dans cette ambiance, l'engagement mondial sur les OMD réussit tout de même à porter ses fruits, grâce à l'engagement des états et au prix de budgets considérables. Mais à partir de 2008, les signaux autrefois faibles commençaient à indiquer des tendances qui annonçaient une nouvelle période : le besoin de relancer la production alimentaire mondiale, le besoin de mieux gérer les ressources en eau, la part grandissante de l'impact des changements climatiques sur les économies et le développement des pays, l'accélération de la perte de la biodiversité. C'est à la même période que le monde, en démarrant par les USA, fut touché par la crise économique 2008-2010, qui affecta les budgets nationaux et internationaux, y compris ceux consacrés au développement et à la protection de l'environnement. En 2011, le « Printemps arabe » en Tunisie pour plus de démocratie, de liberté, moins de corruption, etc., impacta les équilibres politiques et le développement qui touchèrent de nombreux pays limitrophes, en particulier l'Égypte, la Lybie et la Syrie. En 2024, avec Kaïs Saïed, beaucoup regrettent finalement le départ de Ben Ali…

Cette période fut également celle de l'explosion des écrans, ordinateurs, téléphones mobiles, tablettes et autres supports numériques, qui toucha presque tous les villages du monde. Elle apporta son lot de communication, d'information, de réseau et de services et permit de désenclaver la communication et l'échange.

gouvernement en Exil du Dalai Lama), Yémen, Soudan, Palestine, Kosovo, Somali, Sahara occidental, Inde, etc.

Elle fut à l'origine de nombreuses avancées dans les services d'éducation et de vulgarisation en ligne, dans l'accès aux informations diverses, aux prix des produits, etc. Le téléphone mobile permit aussi à des millions de parents isolés en zones rurales où je travaillais de pouvoir communiquer facilement, par téléphone, texto, skype, puis Whatsapp, Messenger, Zoom, Google meet, etc., avec les membres familiaux émigrés et expatriés, un grand soulagement pour de nombreuses familles. Parallèlement, les écrans commencèrent à « déshumaniser » les rapports et accentuèrent la perception d'exclusion des plus pauvres, impactés par la « fracture numérique », n'ayant pas accès aux avantages de ces technologies. Plus grave, l'attraction des jeunes de la génération « écran » pour ces technologies et les réseaux sociaux relégua la transmission orale des savoirs et des expériences transmis depuis des siècles entre générations au second plan, d'où leur perte en cours rapide, surtout chez les peuples de tradition orale et sans écriture.

Cette période allait connaître, avec l'engagement de « renforcement des capacités des acteurs nationaux » et de projets de terrain de lutte contre la pauvreté, une prolifération supplémentaire d'ateliers, de séminaires, de conférences et d'achats de voitures de projet. Chaque atelier appelait un deuxième atelier, puis un autre et encore un autre, avec son lot d'hôtels, de pauses café, de restaurants, de PERDIEM. Dans le cadre du programme de lutte contre la pauvreté, en gros, les riches se réunissaient dans de beaux hôtels pour parler des pauvres. Situation embarrassante, surtout quand certains s'enregistraient en début de séance pour toucher le PERDIEM avant d'aller faire ses emplettes dans les « malls », ou que certaines personnes-ressources nationales ne daignaient se déplacer, dans certains pays, qu'à la condition de primes supplémentaires que l'on appelait « sitting allowance » (prime de siège) et « speaking allowance » (prime de prise de parole). Heureusement, certains experts et même quelques institutions et financeurs tentèrent de donner l'exemple en adoptant des dépenses sobres, privilégiant les questions de fond que les questions de forme. Beaucoup d'argent, sans doute de manière excessive, fut dépensé à ces évènements lors de cette période.

Dans certains pays, la prolifération des voitures de projets, avec celles portant les logos des Nations Unies en tête, tourna au défilé automobile, voire au business privé. On rencontrait surtout ces cas dans les pays dits « les moins avancés » comme le Cambodge, le Laos, le Niger, la Somalie, Madagascar. Ces voitures censées servir les activités du projet se retrouvaient aussi le soir devant les bars et boîtes de nuit. Le week-end, on les observait sur les aires de pique-nique, on les croisait avec leurs voitures chargées de manioc, arachide et charbon de bois, ou remplies de passagers qui avaient payé leur trajet à ce nouveau « taxi brousse ». Lorsque j'étais au Laos à cette période, je dus faire récupérer un des pick-up de projet utilisé pour le business entre le Laos et le Cambodge. Je pus aussi constater le trafic de voitures de la mission des Nations Unies APRENUC (Autorité provisoire des Nations unies au Cambodge), volées au Cambodge, transitant par la Thaïlande et le Laos pour être revendues illégalement en Chine par le poste-frontière de Boten dans la province de Luang Namtha au Laos. Devant ces abus, les financeurs tentèrent de rédiger des procédures plus contraignantes, de garer les voitures après le travail dans un parking gardé et d'établir des fiches journalières de déplacement. Ces mesures eurent finalement peu d'impact dans les projets ruraux, dans des zones difficilement contrôlables par les financeurs.

La période 2015-2024

Cette période allait surtout être marquée, pour le développement international, par le lancement des Objectifs de Développement Durable, l'accélération des effets du changement climatique et de la conscience environnementale, des drames humains, tensions sanitaires, pertes d'emplois, faillites, crises économiques, énergétiques et alimentaires liées au COVID19, la guerre en Ukraine et l'inflation et, à partir de 2022, de tensions multiples avec comme effet un réarmement massif de nombreux pays.

En 2015, les Nations Unies ont lancé un programme mondial ambitieux, les ODD (2015-2030, 17 objectifs et 169 cibles) faisant suite aux OMD (8 objectifs). À la différence des OMD, les ODD engagent aussi les pays développés et ont un caractère inclusif, indivisible et universel en principe supérieur aux politiques nationales.

Des engagements internationaux renouvelés et des objectifs plus ambitieux furent actés en faveur du climat, de la biodiversité et des aires protégées, mais toujours de manière non contraignante pour les états membres en développement ou en

voie de développement. Ce programme fut associé à la décision d'un suivi mondial des indicateurs de développement et de conservation, initiative ambitieuse de longue haleine qui devrait porter ses fruits à l'avenir pour la qualité des statistiques. De nombreux partenaires sont associés à ce suivi dans les secteurs divers comme la santé, l'éducation, l'agriculture, l'eau, la biodiversité.

Dans la période 2015-2024, les objectifs de ces engagements furent affectés par différents facteurs externes : la présidence des USA sous Donald Trump (2017-2021, puis à nouveau à partir de janvier 2025) qui donna des signaux mitigés à désastreux en termes de coopération internationale, de pacification, d'efforts en faveur de l'environnement et du climat, la situation économique critique de nombreux pays (depuis 2022), liée à plusieurs facteurs : COVID 19 (2020-2021 surtout, mais continue encore en 2024), guerre en Ukraine (depuis février 2022), retour de l'inflation et accélération de la baisse du pouvoir d'achat (depuis 2022). Les variations du prix de l'énergie, en particulier des hydrocarbures (baisse en 2015, 2018, forte augmentation entre 2022 et début 2023, fluctuations depuis en lien avec la guerre en Ukraine et au Proche-Orient dans la bande de Gaza), les décisions et effets de la transition énergétique et les nouveaux accords énergétiques entre pays, etc., agissent sur les taux d'investissement et de croissance des pays. On note aussi l'intensification des impacts du changement climatique (surtout depuis 2018 avec canicules et sécheresses annuelles, incendies, inondations) et la progression des engagements mondiaux (COP) vis-à-vis du climat et de l'environnement.

La diminution de la croissance et même la récession dans certains pays depuis 2023 remettent en cause, face aux revendications sociales et économiques des corps de métier affectés, des engagements antérieurs relatifs au climat et à l'environnement. La guerre entre Israël et le Hamas, depuis le 7 octobre 2023, affectant durement la population palestinienne, implique de plus en plus, directement ou indirectement, d'autres pays comme les USA, le Liban, le Yémen, l'Iran, l'Arabie Saoudite, l'Angleterre, la Turquie, la France, etc.

Les conflits et l'insécurité se propagent un peu plus depuis la période COVID dans différentes parties du monde (Congo, Soudan, Niger, Mali par exemple), avec l'intervention et le déploiement de mercenaires de Wagner dans différents pays (Mali, Lybie, Centrafrique, Madagascar), le réarmement massif de nombreux pays[46] (surtout depuis début 2022, en Europe, en Asie, en Amérique, en Afrique, y compris dans les pays en développement : Égypte, Tunisie, Algérie, Maroc, pays des Balkans), la montée des parties politiques extrêmes en Europe, aux USA, en Amérique du Sud et dans les Balkans, le terrorisme

---

[46] En 2023, les dépenses militaires mondiales ont augmenté de 9% pour atteindre 2200 milliards de dollars (Source : Le Canard enchainé, numéro 5392 du 13 mars 2024).

et l'insécurité affectant toujours de nombreux pays, particulièrement des pays d'Afrique de l'Ouest et du Moyen-Orient, la situation tendue en mer de Chine, provocations armées de la Corée du Nord, etc.

L'ensemble de ces facteurs externes a sans doute eu un impact négatif pour le développement et la protection de l'environnement supérieur à celui de la somme des efforts déployés pour l'aide au développement et à la conservation (ODD 2015-2030, objectifs de la CBD, accords sur la biodiversité, programmes nationaux et bilatéraux). Ces impacts ne sont pas encore totalement documentés, mais certains indicateurs dans les rapports et sur le terrain l'attestent : accroissement de l'insécurité alimentaire et de la pauvreté, importance des migrations économiques irrégulières et des demandes d'asile, moindres dépenses des ménages, y compris pour l'alimentation et la santé, en raison de la baisse du pouvoir d'achat, dégradation continue des écosystèmes et de leur biodiversité.

En matière d'insécurité alimentaire, les veilles de la FAO (FAOSTAT) et de la Banque mondiale (World Food Security Outlook) indiquent clairement une remontée ou une stabilisation haute de l'insécurité alimentaire au niveau mondial depuis 2015, avec un effet accélérateur de la Pandémie de Covid-19 et de la guerre en Ukraine, puis des sécheresses successives depuis 2018 et des fortes inondations en 2024.

L'insécurité alimentaire affecte plus intensément des zones rurales et les pays pauvres subissant les conflits et les sécheresses, surtout en Afrique. Pendant cette période, les pays comme la Somalie, l'Éthiopie, le Sud-Soudan, le Yémen, Haïti, la Syrie, l'Afghanistan, le Pakistan, la République démocratique du Congo et plus récemment la Palestine furent et sont encore durement touchés, ayant atteint à certaines périodes le stade 5 (famine) de l'IPC (Integrated Food Phase Security Classification). Les projections mondiales (Banque mondiale, FAO, Programme alimentaire mondial) sur la situation alimentaire jusqu'en 2027 n'indiquent pas d'amélioration.

Espérons que ces tensions actuelles sur les ressources, les guerres entre états et la montée des partis et représentants nationaux extrêmes ne provoquent pas un amalgame dégénérant en conflit mondial, scénario envisagé depuis fin 2023, selon les analyses américaines, anglaises et allemandes, basées sur la revue des ingrédients réunis pour une telle situation. Cela remettrait en cause la mise en œuvre des engagements internationaux de développement socio-économique et de protection de l'environnement. La proposition de réduction de 5,2 milliards d'euros d'aide à l'Afrique de la part de la Commission européenne en janvier 2024 (Canard enchaîné du mercredi 24 janvier 2024 « Adieu l'Afrique ») pour financer l'aide à l'Ukraine (50 milliards d'euros d'aide approuvés début février 2024) et la réduction du budget de gestion des migrations ne sont pas des bons signes pour le développement.

FIGURE 1 LA FAIM DANS LE MONDE EST DEMEURÉE RELATIVEMENT STABLE ENTRE 2021 ET 2022, MAIS SE MAINTIENT À UN NIVEAU BIEN SUPÉRIEUR À CELUI ENREGISTRÉ AVANT LA PANDÉMIE DE COVID-19

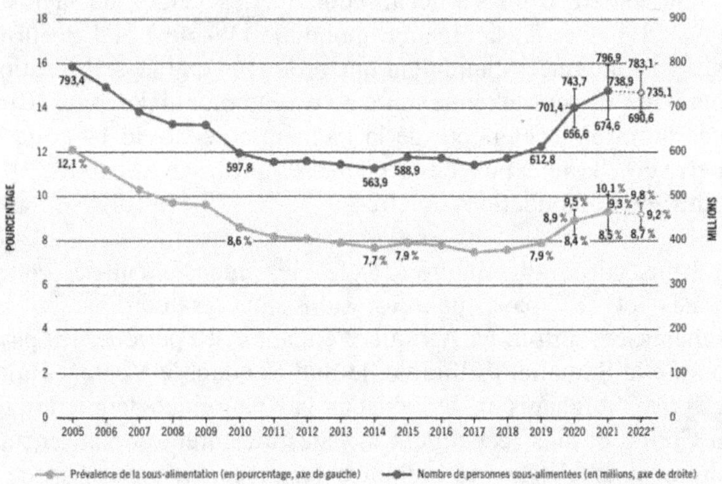

NOTES: * Les projections fondées sur des prévisions immédiates pour 2022 sont indiquées par des traits en pointillé. Les barres correspondent aux limites inférieure et supérieure de la fourchette.
SOURCE: FAO. 2023. FAOSTAT: Données de la sécurité alimentaire. Dans: *FAO*. [Consulté le 12 juillet 2023]. www.fao.org/faostat/fr/#data/FS

Source : FAO : L'état de la sécurité alimentaire et de la nutrition dans le monde (2023).

À mi-parcours de l'Agenda 2030, le Réseau des solutions pour le développement durable (SDSN) dans son rapport de septembre 2023, publié en amont du Sommet pour un nouveau pacte financier mondial, du Forum politique de haut niveau des Nations unies pour le développement durable et du Sommet sur les ODD de septembre 2023, indique qu'au rythme actuel 2015-2023, moins de 20 % des cibles des Objectifs de Développement Durable sont en passe d'être respectées d'ici 2030 et aucun Objectif de Développement Durable ne sera atteint d'ici cette date.

« *Bien que des avancées aient été observées en moyenne dans l'amélioration de l'accès aux infrastructures clés, couvertes par les ODD 6 (eau propre et assainissement), 7 (énergie abordable et propre) et 9 (industrie, innovation et infrastructure), ces progrès varient considérablement d'un pays à l'autre, notamment entre pays à revenu élevé et pays à faible revenu, et ils sont encore trop lents pour envisager atteindre ces ODD au niveau mondial d'ici 2030. Le bien-être subjectif, l'accès à la vaccination, la pauvreté et le taux de chômage figurent parmi les indicateurs qui ont connu les revirements les plus importants. Les objectifs liés à la faim et aux régimes alimentaires durables ou à la santé (ODD 2 et ODD 3) sont particulièrement en retard, de même que ceux liés à la biodiversité terrestre et marine (ODD 14 et 15), à la pollution de l'air et à la pollution plastique (ODD 11 et ODD 12), aux institutions et sociétés pacifiques (ODD 16). Pour le SDSN, les gouvernements ont échoué à intégrer les ODD dans leurs politiques nationales et leurs investissements publics, et la fracturation géopolitique croissante du monde met à mal la coopération nécessaire pour espérer les atteindre. Face à cet échec, les progrès stagnent, voire refluent, depuis 2020* ».
SDSN, septembre 2023

3. Quelques défis et opportunités

Le défi de la sécurité alimentaire et de la nutrition refait surface

Suite au constat alarmant dans les années 1950 du plafonnement de la production agricole vis-à-vis de la croissance démographique de 2-3 % par an, plusieurs actions d'envergure furent décidées dont la Révolution verte à partir de 1960, touchant de nombreux pays en Asie, Europe et Afrique. On se rappelle de nombreux ouvrages à ce propos, dont ceux de René Dumont en 1962 : L'Afrique noire est mal partie (Paris, Seuil) et de Jacques Giri (L'Afrique en panne, Karthala, 1986), qui restent des références encore explicatives de la situation d'aujourd'hui. On se rappelle aussi de la famine au Biafra (Nigéria) lors de la guerre et du blocus alimentaire entre 1968 et 1970, famine qui fut pour la première fois télévisée au niveau international. Jusque dans les années 2010, les engagements internationaux et la coordination ne furent pas toujours à la hauteur, mais globalement, les rendements augmentèrent et les productions furent théoriquement suffisantes pour nourrir le monde, malgré les conflits, la mainmise des multinationales, les périodes de sécheresse, les limites du stockage et de la distribution des denrées alimentaires, certains échecs des programmes d'ajustement structurel.

Depuis peu à nouveau (premiers signes en 2008, relevé par la Banque mondiale), la question de la sécurité alimentaire revient dans les agendas politiques de nombreux pays. En février 2023, OXFAM indiquait : « *Sur une planète qui produit assez pour nourrir toute sa population, 783 millions de personnes ne mangent pas à leur faim chaque jour (FAO). Après des décennies de baisse, l'insécurité alimentaire s'est aggravée depuis 2014, sous l'effet de la multiplication des conflits armés, des phénomènes climatiques extrêmes et des crises économiques à répétition. Elle résulte également de la défaillance structurelle d'un système agricole et alimentaire mondial profondément inégalitaire. Si les tendances actuelles se poursuivent, le nombre de personnes sous-alimentées dépassera les 600 millions en 2030 entraînant plusieurs pays dans la famine. Il est urgent de changer de cap et de repenser en profondeur nos modes de production agricole et de distribution alimentaire, dans le respect de la nature et de l'humain. Six ans après l'adoption à l'ONU de l'objectif "Faim Zéro", objectif n° 2 des Objectifs de Développement Durable, qui visait son éradication d'ici à 2030, la lutte contre la faim est dans une impasse. »*

En effet, depuis 2015, la sécurité alimentaire et la nutrition sont devenues les plus gros programmes d'aide de certains bailleurs de fonds, comme l'Union européenne. La malnutrition reste un problème grave et persistant depuis 2015 : le nombre de personnes sous-alimentées a augmenté de 38 millions dans le monde pour atteindre plus de 820 millions (11 % de la population mondiale) et la dénutrition continue de toucher plus de 150 millions d'enfants de moins de cinq ans (UNICEF). La faim augmente dans presque toutes les sous-régions d'Afrique (22,7 % de la population) et, dans une moindre mesure, en Amérique latine et en Asie occidentale (11,7 % de la population). Cette augmentation est la quatrième année consécutive après une baisse prolongée. Tout aussi inquiétant est le fait qu'environ 2 milliards de personnes dans le monde souffrent d'insécurité alimentaire modérée ou grave et que sur tous les continents, le taux de prévalence est légèrement plus élevé chez les femmes que chez les hommes.

Le programme Impact, Résilience, Durabilité et Transformation sur la sécurité alimentaire et nutritionnelle (FIRST), soutenu par l'UE et la FAO, fournit une assistance politique et un renforcement des capacités institutionnelles pour mieux contribuer au deuxième objectif de développement durable (ODD2) dans plus de 60 pays d'Afrique, d'Asie et du Pacifique, d'Europe et d'Asie centrale, Amérique latine et Caraïbes et Proche-Orient. FIRST s'appuie sur un réseau de responsables politiques et d'experts techniques basés au niveau national (y compris les délégations de l'UE et les représentations de la FAO) pour soutenir l'assistance FNSSA (Food and nutrition security and sustainable agriculture), identifiée conjointement avec les gouvernements. La direction générale DEVCO de la Commission européenne joue le rôle de premier plan au sein de l'UE dans la mise en œuvre de l'Agenda 2030 des Nations Unies et de ses objectifs de développement durable (ODD) et coordonne les actions visant à mettre en œuvre le Consensus européen pour le développement de 2017 en termes d'élaboration des politiques, de mise en œuvre et de gestion financière. L'unité DEVCO C1 (Coopération internationale et développement, unité en charge du développement, de la sécurité alimentaire et de la nutrition) se concentre depuis 2015 sur 4 domaines de développement :

- Renforcer la résilience des agriculteurs et des communautés rurales les plus vulnérables aux crises alimentaires ;
- Augmenter les investissements (responsables) dans les systèmes agricoles et alimentaires et renforcer les investissements publics et privés inclusifs, responsables et durables dans les systèmes agricoles et agroalimentaires ;
- Stimuler les innovations durables dans l'agriculture et les pratiques agricoles durables ;
- Favoriser des résultats nutritionnels spécifiques.

Cette question de sécurité alimentaire et de nutrition est aussi d'actualité au niveau des ODD, de la FAO et du PAM, qui effectuent des veilles régulières, appuyées par de nombreuses organisations et associations internationales comme la Banque mondiale, l'OCDE, le FMI, OXFAM, ACF. De ce point de vue, le 1er décembre 2023, la présidence de la COP28 aux Émirats arabes unis a annoncé la signature par 134 chefs d'État et de gouvernement d'une déclaration sur l'agriculture durable, les systèmes alimentaires résilients et l'action climatique. L'insécurité alimentaire a été accentuée depuis la période COVID (2020-2021), la guerre en Ukraine (depuis février 2022), les sécheresses à répétition (depuis 2018) et le retour de l'inflation au niveau mondial (depuis début 2022, toujours d'actualité en 2024).

Une analyse indique que nous avons bouclé la boucle et épuisé, au moins temporairement, les solutions d'envergure, y compris la part de l'aide au développement, qui permettent à des millions de ménages dans le monde de se nourrir, de vivre convenablement et de continuer à se développer au-delà de la sécurité alimentaire. Ainsi, comme indiqué plus haut, si de nombreux états en voie de développement ont pu sortir de l'insécurité alimentaire chronique au milieu des années 90, ils y font à nouveau face deux décennies plus tard. Les solutions furent la révolution verte, la génétique dont les hybrides, la culture intensive et mécanisée, la culture hors sol et in vitro, les OGM, la création alimentaire à partir de bactéries, la recherche et la vulgarisation mondialisée, le développement des circuits courts et des économies circulaires. Le mouvement végétarien puis vegan, spontané et voulu par les adeptes, va dans le sens de l'économie d'énergie dans les agrosystèmes et le cycle du champ à l'assiette. Pourtant, les agrosystèmes peinent encore à assurer une nourriture résiliente, encore peu de pays font le choix du retour au concept de l'agriculture familiale, associée à l'agroécologie et l'agroforesterie, aux gestions adaptatives des cultures et de l'eau. À l'inverse, ce qui n'est pas spontané et voulu, ce sont les alternatives de survie, appelées « coping survival activities » chez les Anglo-saxons, que les populations les plus démunies sont obligées d'adopter pour survivre : sauter un repas, se nourrir de produits de deuxième choix, demander un crédit au voisin, vendre les dernières poules pour acheter la nourriture de base, rechercher des travaux saisonniers non qualifiés pendant les périodes de soudure alimentaire. Lorsque ces alternatives ne suffisent plus, on entame les semences de l'année suivante, on recherche des produits comestibles en forêt, on demande l'aumône, on mendie. Certains sont même obligés de recourir aux dernières alternatives, considérées par la société comme non acceptables : vol dans les greniers, vol dans les maisons, prostitution, réseaux mafieux, petite criminalité, vente d'organes. Lorsque l'insécurité alimentaire et la famine touchent une partie d'un pays, comme ce fut le cas par exemple à Madagascar, au Kenya, au Soudan, au Yémen, en République démocratique du Congo, en Somalie et en Éthiopie, des cas de pillage, de guerre civile et de migrations d'envergure sont apparus, réactions à prendre en compte dans les stratégies avenir des pays concernés par ces possibles situations.

Une autre analyse de l'insécurité alimentaire actuelle (2024) suggère que l'alimentation reste encore théoriquement suffisante pour nourrir la population mondiale. Toutefois, l'intensification de causes externes ne permet plus une performance de distribution et de répartition régulière et à temps de l'alimentation, et l'inflation limite l'accès à la nourriture suffisante (en quantité et qualité) pour les populations pauvres, vulnérables, isolées des marchés. C'est cette analyse qui semble la plus réaliste aujourd'hui, même si la capacité de produire en quantité et qualité pour nourrir la planète reste le défi de demain[47].

Au regard des leçons du passé et des nouveaux enjeux, si les options extrêmes (guerre mondiale/nucléaire, pandémies d'envergure, spirale de conséquences incontrôlées liées au changement climatique, à la rupture des équilibres écosystèmes/biodiversité, guerre civile et migration d'envergure avec violence liée à l'insécurité sur l'eau et l'alimentation, maladies émergentes non contrôlables avec le système de santé) sont contenues, les concepts vont encore évoluer, dans différentes directions, sans doute incluses entre deux grandes directions différentes. D'un côté, celles du maintien de la poussée des nouvelles technologies, y compris l'intelligence artificielle et celles relayées par les lobbies des industries. D'un autre côté, celle, plus pragmatique, liée à l'obligation d'adaptation des « équilibres homme -nature » dans un monde encore à croissance démographique face à une diminution des ressources naturelles, y compris de l'eau, des écosystèmes et de leur biodiversité. Le problème de plus en plus aigu de la santé humaine et son coût, lié à l'état de notre environnement, la pollution et la nourriture toxique que nous ingurgitons milite de plus en plus vers une approche plus globale, y compris à un retour au bon sens d'antan. C'est dans ce sens aussi qu'a été créé cette dernière décennie, le réseau stratégique de santé mondial, regroupant les organisations internationales, les états et la société civile. Ces efforts seront-ils assez puissants et aux effets assez rapides face aux lobbies impliqués dans les produits toxiques et les pollutions, pourront-ils bénéficier à la majorité ? Plusieurs options, solutions et scénarios existent, d'autres seront encore développés. Difficile

---

[47] La Banque mondiale (2023) estime que jusqu'à 670 millions de personnes connaîtront la faim d'ici 2030.

de savoir si l'on sera capable, à temps et collectivement au niveau mondial, d'avoir suffisamment de courage pour décider de changer notre mode de développement, ou au contraire, de subir les conséquences de ce que l'on a infligé à la planète (maladies émergentes, épidémies, pénurie de ressources, accélération de la mobilité et d'adaptation des espèces invasives, augmentation des températures, etc.) ou celles de conflits d'envergure en grande partie liés à la tension grandissante sur les ressources. Dans cette incertitude, certains poursuivent la même trajectoire de la société des années 80, d'autres optent pour plus de sobriété, participent au militantisme écologique et climatique, d'autres encore se préparent au chaos en associant maison autonome, bunker et formation à la survie, au-dessus du niveau prévu de la montée des océans. Certains, dès 1988, avaient prévu l'incapacité humaine à réagir à temps, en identifiant et protégeant 34 points chauds (hotspots) sur la planète, renfermant une très forte diversité. Cela permettrait en principe un stock génétique pour reconstituer la biodiversité en cas de chaos mondial[48].

Une tension grandissante sur les ressources naturelles, les écosystèmes et leur biodiversité

Le problème de la gestion de l'eau (de surface et souterraine) se pose en priorité dans de nombreux pays arides et semi-arides. Il est déjà, et continuera sans doute à être un facteur déclencheur

[48] Le concept des « points chauds » de biodiversité a été développé depuis 1988 à l'Université d'Oxford par l'équipe de Norman Myers, un chercheur britannique spécialisé dans les rapports entre l'écologie et l'économie. Il a observé que 44 % des espèces de plantes de la planète et 35 % des espèces de vertébrés terrestres (mammifères, oiseaux, reptiles et amphibiens) étaient confinés sur 1,4 % de la surface des continents. Il a ainsi identifié 25 sites plus ou moins étendus caractérisés par une exceptionnelle concentration d'espèces endémiques et un risque sérieux de dégradation. La définition actualisée donnée par Conservation International (2004) est « une zone qui contient au moins 1 500 espèces de plantes vasculaires endémiques et qui a perdu au moins 70 % de sa végétation primaire ». Avec cette définition, le nombre des points chauds de biodiversité a été réévalué et porté à 34 en 2004. Les « points chauds » couvrent 15,7 % de la surface terrestre, mais 88 % des écosystèmes ayant disparu, ceux restant ne couvrent plus que 2,3 % de la surface terrestre.

clé de modification de modèles de développement et d'agriculture pour ces pays. La région méditerranéenne et en particulier le Nord de l'Afrique par exemple est déjà fortement impactée par la pénurie d'eau et le stress hydrique. D'autres pays non arides commencent aussi à connaître des déficits pluviométriques. De nombreux organismes travaillent plus intensément sur cette question en Méditerranée depuis ces deux dernières décennies : UN Water, le Plan Bleu, la FAO, la Tour du Valat, l'UNESCO, le SEMIDE, IPEMED, CIHEAM. La diminution des stocks d'eau renouvelable et la pénurie d'eau sont en grande partie la conséquence de choix politiques, de modèles de développement et de mode de gestion de l'eau, qui s'assimilent à de la prédation : on prend l'eau où elle est, la technologie aidant (forages, transfert d'eau, désalinisation). Une fuite en avant dans laquelle on continue à arroser des terrains de golf et à construire des stations balnéaires le long des plages de la Méditerranée, à exporter des milliards de m^3 d'eau de la rive Sud de la méditerranée vers la rive Nord à travers l'exportation de fruits et légumes, à irriguer par aspersion et submersion alors que les anciens avaient appris à économiser l'eau dans ces zones arides et semi-arides à vocation pastorale à travers les *foggaras*, les *khettaras*, les cuvettes enterrées remplies par impluvium, les bassins et cuvettes alimentés par de simples canaux drainants selon les courbes de niveau, les cultures d'association à étage pour limiter l'évapotranspiration avec des espèces et variétés adaptées. Depuis que l'on a documenté cette dynamique de déficit hydrique dans les années 90, le Maroc et l'Espagne du Sud continuent à produire et vendre des tomates, des fraises, des poivrons, des piments et des agrumes sur les marchés européens, exportant par la même des milliards de m^3 d'eau de la rive Sud (qui ne dispose que de 14 % des stocks d'eau renouvelable du bassin méditerranéen) vers la rive Nord de la Méditerranée, qui dispose de 86 % des réserves d'eau renouvelable (Source : Plan Bleu). Dans ces pays, les conséquences directes de la pénurie d'eau se traduisent par la migration vers les villes, l'étranger ou des camps de réfugiés, la mortalité des plus faibles et différentes formes de violence liées aux réactions de survie.

Je présente ici un cas concret de la gestion de l'eau agricole au Maroc et plus spécifiquement de la gestion de l'eau dans l'Oriental marocain, où j'étais basé entre octobre 2021 et mai 2024.

Entre 2008 et 2018, dans la politique agricole, le pilier 1 du Plan Maroc Vert a accéléré, par l'effet de fortes subventions, une course à l'agriculture commerciale d'exportation : tomates, poivrons, piments, fraises, agrumes en particulier. Depuis 2020, la politique Génération Green (2020-2030) au Maroc, même si elle est plus respectueuse de l'environnement par rapport au plan précédent, incite par ses subventions au maintien des cultures intensives et à l'investissement à l'agriculture et l'agrégation commerciale, la transformation et la valorisation des produits. Le nouveau volet d'agriculture solidaire part sur des bases territoriales plus intégrées. Toutefois, il a fallu attendre plus de 2 décennies après les analyses alarmistes sur la politique agricole au Maroc, et 6 cycles (2018 – 2024) de sécheresses, de stress hydrique, de perte de milliers d'hectares d'agrumes, de céréales et même d'oliviers, de réquisition de pompes agricoles pour les besoins urbains, d'assèchement de réservoirs de barrage, pour que l'on commence à penser à adapter cette nouvelle politique, en développant caroubier, pistachier, fruits rouges moins consommateurs d'eau. Mais avec le moyen simpliste des subventions, y compris pour le goutte à goutte et les forages, on est encore très loin d'une politique cohérente, intégrée et de programmes consistant alliant choix variétal, plan de culture, agroécologie/permaculture, agroforesterie, semis direct, élevage adapté aux conditions climatiques et aux agroécosystèmes, politique et mise en œuvre stricte d'économie et de recyclage de l'eau, économie circulaire et circuit court. N'est-ce pas déjà trop tard ? Les effets du changement climatique, avec environ 29 % de précipitation en moins dans la région Nord de l'Oriental depuis 1981[49] et 5 années de sécheresses successives (2019-2024), semblent avoir

[49] 2016. Alain François, Évelyne Gauché et Alain Génin. L'adaptation des territoires aux changements climatiques dans l'Oriental marocain : la vulnérabilité entre action et perceptions.

devancé les décisions politiques. Autrefois une référence pour le Nord de l'Afrique, le Maroc court maintenant derrière son développement agricole.

Depuis janvier 2024, alors que l'irrigation des larges périmètres gérés par l'ORMVA (Office régional de mise en valeur agricole) de Berkane ne peut plus assurer l'eau dans les périmètres agricoles des provinces de Nador, Berkane et Taourirt alors que l'on est encore en hiver, les barrages de la région de l'Oriental sont à 20 % remplis (normalement à cette saison, au moins 40 %), les restrictions d'eau touchent presque tout le pays (tour d'eau par quartier en ville, pour les hammams, pour le lavage des voitures, les espaces verts urbains, les piscines, etc.).

En janvier 2022, en raison des périodes précédentes de sécheresse depuis 2018 et des faibles stocks d'eau dans les barrages du bassin versant de la Moulouya et de ses affluents, il fut décidé d'adopter le dernier scénario d'irrigation (sauver les agrumes et la betterave sucrière, mais abandonner les cultures maraîchères et la luzerne irriguée) et de réquisitionner les pompes agricoles pour les besoins urbains. Ce scénario ne put pas être maintenu, plus de 4 000 ha d'agrumes n'arrivèrent pas à la fructification en 2022/2023 et 2023/2024 et de nombreuses plantations furent arrachées, car elles ne purent être irriguées.

En raison de la succession de barrages construits sur la Moulouya, l'eau n'arrive plus à la mer, ou de manière exceptionnelle, depuis au moins une décennie. En 2022, l'Agence de bassin de la Moulouya relève de 10 mètres les digues du réservoir du barrage Mohamed V (terminé en 1967, réservoir de 730 millions de m^3) pour compenser la perte de capacité (reste, en 2022, 160 millions de m^3) en raison de l'envasement. Mais depuis 5 ans, il n'arrive pas à remplir l'existant par manque de pluies. Fin février 2024, les stocks d'eau des barrages Mohamed V, Oued Za, Maachra Hamadi, Injil et Hassan II sont en dessous des normales de saison, entre 10 % et 50 % des capacités selon le barrage. Comme alternative, on pompe plus par forage urbain et agricole, on surcreuse les forages en raison de l'accélération *du rabattement des nappes (d'après l'Agence de bassin de la Moulouya, le rabattement est passé de 3 mètres par an à 6 mètres par an dans certaines zones), on tente maintenant d'accélérer la construction de l'usine de désalinisation de l'eau de mer qui desservira Nador et Saidia, car le projet de transfert d'eau de la zone d'Oued Laou (Tétouan) vers l'Oriental serait une option longue et coûteuse à réaliser. En mars 2024, la situation hydrique pour les villes, l'agriculture et les écosystèmes dépossédés des eaux captées reste encore très critique pour les trois prochaines années. Les études réalisées en 2022-2023 (HCP, projet d'appui SNDERZM, universitaires) indiquent que de plus en plus d'agriculteurs de l'Oriental ne sèment plus les céréales dans les terres pluviales (bour), car ils perdent trop souvent leurs semences. De nombreux éleveurs ont préféré vendre leurs bovins en raison de leur incapacité à produire de la luzerne ou à acheter du foin devenu trop cher. On estime en début 2024 que plus de 50 % du cheptel bovin laitier à disparu dans l'Oriental par rapport aux années avant COVID.*

Les politiques de recyclage d'eau sont encore peu suivies d'actions concrètes. Beaucoup de stations d'épuration urbaines sont conçues sans le traitement tertiaire, ce qui ne permet pas le recyclage pour des utilisations agricoles. Ainsi, à Oujda, suite à la construction et mise en service de la station d'épuration de l'eau, il fut décidé dès 2012 de manière partenariale de lancer des études (faisabilité, topographie, exécution, impact environnemental, besoin en accompagnement des usagers pour l'aménagement des parcelles et la gestion de projet) pour une réutilisation des eaux usées traitées sur une superficie estimée à 1 500 ha avec une première tranche de 500 ha à réaliser pour 96 ménages (480 personnes) de la commune rurale d'Ahl Angad. Cette superficie est calculée par rapport au débit de refoulement de 40 000 m^3 au début, 50 000 m3 en 2023 et 65 000 m3 estimés en 2025. Les travaux ont été réalisés entre 2016 et 2018 et les essais en 2019 furent concluants. Toutefois, en raison d'une qualité de l'eau à la sortie non conforme aux normes marocaines, le système d'irrigation ne fut pas mis en service. Après 2 années de négociation entre les partenaires, des études complémentaires sont actuellement en cours par la Régie sur le *traitement complémentaire par microfiltration et par ultra-violet, pour utiliser l'eau également pour l'irrigation de 400 ha d'espace vert urbain. En attendant, l'eau polluée est déversée chaque jour dans l'oued, qui rejoint ensuite la mer...*

En 2022, dans la situation d'urgence, le ministère de l'Agriculture a financé des stations de déminéralisation à environ 70 000 euros pièce pour adoucir l'eau pompée par forage dans les nappes de Triffa, Garet et Sebra et irriguer une surface d'environ 5 ha par station. D'après les discussions verbales avec les services concernés, cette solution semble trop coûteuse pour le plan de culture actuel. En novembre 2023, la technique a été adoptée à Oujda pour les besoins urbains, avec la mise en route d'une plus grande station de déminéralisation. La déminéralisation touche les nappes naturellement saumâtres, mais elle risque de toucher rapidement des nappes traditionnellement douces, mais qui se minéralisent progressivement par surpompage, par forage internappe et par progression intérieure de la langue salée souterraine côtière qui comble le rabattement de la nappe d'eau douce, en particulier dans les zones touristiques de Saidia et de la Marchica.

Les impacts écologiques sont peu documentés et seules les associations environnementales informent et dénoncent le manque d'application des lois. Dans l'Oriental, c'est surtout l'embouchure de la Moulouya classée zone Ramsar qui préoccupe par l'assèchement et la perte de biodiversité. En 2010, une mission Ramsar s'est rendue sur place et a constaté les impacts négatifs, ainsi que le manque de concertation entre les acteurs du développement touristique et ceux de la protection. En 2019, les associations de protection de l'environnement (ANAP, AMCDD) ont pu constater à nouveau que l'embouchure était fermée, confirmant que l'eau douce n'arrive plus à la mer dans la majorité du temps.

De nombreux pays ont largement dépassé l'indice maximum d'exploitation d'eau renouvelable (estimé par le Plan Bleu en Méditerranée à environ 60 % de l'eau renouvelable disponible), comme l'Égypte, Israël, la Syrie, Malte et Lybie depuis 2010, puis la Tunisie, le Maroc, l'Algérie, l'Égypte, l'Espagne et le Portugal, dont les taux oscillent entre 70 et 95 %. De nombreux villages et palmeraies en zones steppiques et sahariennes sont déjà désertés en raison du manque d'eau et de la salinisation des terres. De plus en plus de villages sont ravitaillés en camions-citernes ou en carriole à ânes. On compense actuellement les déficits par des programmes nationaux de subventions de goutte à goutte, le développement et le surcreusage de forages (rabattement de nappe de plusieurs mètres par an), de pompages dans les nappes d'eau fossile, des transferts d'eau entre bassins versants, d'usines de désalinisation de l'eau de mer (la majorité de l'eau domestique de Malte et Chypre est déjà issue de la désalinisation de l'eau de mer)[50], de recyclage et de réutilisation d'eau issue des stations d'épuration, de système de prix de l'eau incitatif à l'économie, de restriction et tour d'eau en agriculture et en ville, et de sensibilisation pour économiser l'eau. Certains pays ont entrepris la réfection des réseaux de distribution d'eau, mais dans d'autres pays, on estime les pertes à 25-30 % dans les réseaux de distribution d'eau d'irrigation et domestique (source : Plan Bleu).

On a aussi recours, en cas d'urgence, au transfert d'eau par bateau-citerne, comme ce fut le cas en 2008 et 2011 entre Marseille et Tarragone et dans les années 80 entre Marseille, Espagne, Algérie et Sardaigne. Ce transfert par bateau-citerne vient d'être évoqué à nouveau en janvier et février 2024[51] en raison du déficit d'eau en Catalogne. Dans la gestion de l'eau, élément clé de la survie, mais aussi de l'économie et de la paix sociale, les besoins des écosystèmes en eau passent souvent à la trappe. On sacrifie les rivières, les mares et les autres zones humides ainsi que leur biodiversité pour couvrir les besoins humains toujours grandissants. En conséquence, on relève plusieurs phénomènes en augmentation, comme l'assèchement

---

50 Selon les données 2022 de l'International Desalination Association, 22 800 usines de dessalement d'eau de mer et saumâtre existent dans le monde. En méditerranée, début 2024, on compte 19 stations réalisées ou en cours en Algérie, 18 au Maroc, 7 en Tunisie, plus de 360 en Espagne, 91 en Egypte.

51 https://www.24heures.ca/2024/01/30/secheresse-historique-a-barcelone-de-leau-de-la-france-livree-par-bateaux

accéléré des sources, la variation de migration des oiseaux d'eau vers d'autres zones humides plus favorables, l'augmentation de la mortalité des poissons en saison sèche, qui ne disposent plus assez d'eau et d'oxygène pour survivre dans les mares, étangs et rivières.

Depuis 2018, les sécheresses et canicules successives ont accéléré le stress hydrique, impactant davantage les écosystèmes naturels, l'agriculture et la population dans certains pays dont ceux de l'Afrique du Nord. Des incendies d'envergure se sont propagés en France, en Grèce, en Espagne, aux USA, en Australie, puis plus récemment au Canada et au Chili. On assiste à un exode rural supplémentaire vers les villes, lié au stress et à la pénurie hydriques. Cet exode lié à l'eau passe sans doute les frontières, mais n'est pas encore documenté, difficile de séparer distinctement les migrants selon les causes économiques, climatiques, hydriques, politiques, sécuritaires, ethniques, religieuses, naturelles (catastrophes comme les inondations, les tremblements de terre).

Dans cette période de tension sur les ressources naturelles, les défis alimentaires et énergétiques ainsi que la lutte contre la pauvreté sont rendus compliqués par les conséquences et décisions liées à l'accélération des évènements extrêmes climatiques depuis 2015, la combinaison des effets COVID, guerres et réarmement des états, retour de l'inflation depuis 2020, l'accélération des maladies émergentes, les déclins démocratiques et/ou cadres légaux plus contraignants, la tendance à la privatisation des services sociaux et la tendance de l'avancé des partis politiques extrêmes et des replis sur soi. Depuis la fin des années 60, l'évidence du rétrécissement de la part du « gâteau des ressources » par habitant se concrétise : les nappes phréatiques se rabattent plus rapidement, les stocks accessibles de nombreux minéraux s'épuisent, l'agriculture, la déforestation, l'urbanisme et les modèles de développement continuent à ponctionner les écosystèmes naturels et leur biodiversité (entre 1970 et 2018, en moyenne, 69 % des populations (en effectif et non en nombre d'espèces) de vertébrés sauvages - poissons, oiseaux, mammifères, amphibiens et reptiles - ont disparu, selon l'Indice Planète Vivante (IPV), outil de référence publié tous les deux ans par le WWF). On tente toujours de compenser par les avancées technologiques, par des décisions politiques, par la sensibilisation, on compte sur l'intelligence artificielle, mais les « Trente glorieuses » sont définitivement derrière nous. L'empreinte écologique[52] s'accroît : depuis les années, la date du jour du dépassement n'a cessé d'avancer. En 1970, elle avait lieu le 30 décembre. En 1996, elle avait avancé de trois mois, soit le 30 septembre, et en 2022, de quatre mois, soit le 2 août, alors que l'on tente toujours de tirer l'indice de développement humain au-delà de la valeur de 0,8... alors qu'aucun pays au monde n'a d'empreinte écologique positive au-delà d'un IDH de 0,6... un suicide collectif.

Pourtant, en parallèle, de nombreuses initiatives et technologies sont créées, se développent, pour enrayer les tendances écologiques et climatiques. Il est important de les mentionner et tant que ces efforts seront déployés, ils seront porteurs d'espoir. En vrac, on peut noter par exemple tout le travail de sensibilisation environnementale extraordinaire réalisé par des associations, des volontaires, tous ces évènements organisés pour la nature en profitant des journées mondiales (environnement, arbre, montagne, zone humide, océan, etc.), les innovations réalisées par les Sart-ups, les effets positifs des directives, mécanismes, financements et lois contraignantes en

---

[52] L'empreinte écologique est un indicateur et un mode d'évaluation environnementale qui comptabilise la pression exercée par les hommes sur les ressources naturelles et les « services écologiques » fournis par la nature. Plus précisément, elle mesure les surfaces alimentaires productives de terre et d'eau nécessaires pour produire les ressources qu'un individu, une population ou une activité consomme et pour absorber les déchets générés, compte tenu des techniques et de la gestion des ressources en vigueur. Cette surface est exprimée en hectares globaux (hag), c'est-à-dire en hectares ayant une productivité égale à la productivité moyenne. Être en « dépassement écologique » signifie que l'on déprécie (localement, pour le présent ou le futur) du capital naturel (en puisant dans les stocks plutôt que dans le surplus généré annuellement par la nature) et/ou que l'on accumule des déchets dans l'environnement (en émettant plus de déchets que ce que la nature peut assimiler annuellement). (Global Footprint Network). L'indicateur, décliné sur 6 biomes, a été développé par Mathis Wackernagel et William Rees depuis 1995. (Empreinte écologique et biocapacité - Bien vivre avec une seule planète, 2021).

valeur de l'environnement (par exemple : Outil Natura 2000[53] en Europe, directives Oiseaux, Habitat et Eau en Europe, programmes et outils de développement territorial LEADER[54] avec les Groupes d'action locale (GAL)), les associations tenant tête aux lobbies pour protéger les ruchers, l'alimentation saine, les variétés traditionnelles non hybrides, les technologies visant à réduire les consommations et effets énergétiques fossiles, pour encourager la poussée de l'agroécologie et de la permaculture, la réhabilitation des gestions traditionnelles des territoires agraires (haies, bocage, assolements, etc.), les efforts pour améliorer le bien-être animal, les calculs de notre empreinte carbone dans notre façon de voyager, etc.

Bien d'autres initiatives existent, on ne peut pas toutes les lister.

Une déconnexion progressive avec les populations rurales dans la gestion des cycles de projet

En 40 ans de travail sur le terrain (1984-2024), si je m'en tiens aux projets de développement agricole et rural que j'ai connus, j'estime que l'on est passé de 40 à 80 % de temps d'assistance technique sur le terrain avec les populations rurales, à 5-20 %.

---

[53] Le réseau Natura 2000, qui se base sur les directives UE Oiseaux (1979) et Habitat (1992) pour les pays de l'Union européenne (réseau émeraude pour les pays europe non UE) a permis d'accroître rapidement les surfaces et le nombre de sites protégés/gérés de manière durable dans tous les pays d'Europe. Cet outil a aussi permis aux pays rentrant dans l'UE de préparer des plans ambitieux de protection, condition de leur entrée. Ainsi, la Croatie, qui avait environ 12 % de son territoire protégé avant son entrée en 2013, a pu préparer un plan de 36 % de son territoire sous statut de protection et gestion Natura 2000.

[54] Le programme LEADER lancé en 1991 est basé sur différents principes de développement local et territorial, d'approches ascendantes et intersectorielles, de partenariats publics-privés, de coopération et de mise en réseau. Il évolua en polusieurs générations (Leader 1, Leader II et Leader +). Un groupe d'action locale ou GAL est un ensemble de partenaires socio-économiques privés et publics installés dans des territoires ruraux et chargés de la mise en place d'une stratégie de développement organisée en accord avec le programme européen Leader. Les fonds Leader sont distribués au niveau du GAL.

Même si l'on communique aujourd'hui plus facilement et rapidement, on a clairement perdu le contact régulier terrain, au profit du numérique et de l'appui à distance. Qui sont les gagnants, qui sont les perdants ? En fait, toujours les mêmes…

Comme pour le syndrome du téléphone mobile « facilitant la mondialisation des réseaux sociaux et de la communication » en omettant souvent de reconnaître que dans de nombreux cas, c'est justement l'écran qui « désocialise » les contacts directs humains, les approches participatives[55] développées depuis les années 80 auprès des populations, lorsqu'elles sont mal comprises ou mal utilisées, servent encore quelquefois de « moyen » ou de « prétexte » pour valider des projets déjà décidés par le haut. Dans certains projets que j'ai connus, l'approche participative servait à valider par la population selon la formule « à quelle sauce les populations vont être mangées », une décision déjà prise au niveau central. Le rôle de vigilance, d'étude, d'analyse et de proposition des associations et des experts de terrain est alors essentiel pour défendre les causes des populations, éclairer et influencer les décisions. Si certains ont le courage et l'honnêteté intellectuelle de confronter les politiques comme porte-voix du terrain, certains consultants se pensant « participatifs » se retrouvent toujours du côté du manche et ont donc une conception toute personnelle de la « participation ». Ils ne seront porte-voix de la population que si cela valide leur propre agenda. Ils sont en grande partie responsables de la « fatigue » du concept participatif. On les repère facilement : ces derniers se gargarisent d'utiliser les « approches participatives » pour camoufler, dans leurs expertises de développement, leur autoritarisme naturel après s'être assuré qu'ils seront soutenus politiquement. On s'en rend compte quand ils tentent de s'en persuader dans tous les paragraphes de leurs rapports et leurs PowerPoint « marketing », alors qu'en réalité, ils ont eu une démarche sélective et maintenu un déni cognitif pour justifier

---

55 Les approches participatives ont globalement apporté des résultats positifs dans les systèmes d'étude, d'enquêtes, de négociations et de consultation. Celles ascendantes ont facilité les remontées d'information pour coller les actions au plus près des réalités de terrain et des besoins des populations.

leur système de pensée, contre toute réalité de terrain et attente sociale. En bref, ces coups de menton sont connus comme moyen, pour tenter de faire passer l'incompétence en certitude professionnelle. En effet, le déni cognitif est un moyen utilisé par ces « experts » pour éviter, lors des concertations, de s'aventurer dans leurs domaines d'incompétence, qui fragiliserait leur objectif d'imposer leur système de pensée et leurs certitudes. Lors des réunions, ils sont champions dans l'art de l'opportunisme hors contexte. En effet, ayant développé une écoute sélective chronique, ils seront alors prêts à ne retenir qu'un seul mot d'une longue discussion de groupe, pour développer, totalement hors contexte, leur idée de départ. Ils n'ont souvent nul besoin de se confronter à qui que ce soit, ils ont raison et ne se gênent pas pour intervenir dans les dossiers des autres avec la même « arrogance », ton sec et définitif qui agacent les vrais experts de l'approche participative et du compromis. Les compromis, ils ne les tolèrent et se l'approprient comme leurs que si l'idée ou l'ordre vient du haut, même s'il est défavorable aux acteurs du bas pour lesquels le projet est conçu. En résumé, des personnes qui n'ont pas non plus la « vocation » du développement. Ils se retrouvent dans la catégorie indiquée plus haut : ceux qui donnent priorité à leurs intérêts et agendas personnels plutôt qu'aux vraies attentes des populations qu'ils sont censés écouter, comprendre et défendre.

Dans de nombreux cas, avec une vue rétrospective, on aurait sans doute perdu moins de temps dans le processus de développement rural durable si, au lieu de tenter d'intégrer par le haut (en particulier les décideurs politiques, financiers et institutionnels) les différentes couches de développement indiquées plus haut, on les avait intégrés par le bas, au plus près des ménages. Ce sont eux qui sont, in fine, les seuls garants, pendant et après un projet, de la mise en œuvre, de la gestion, de l'entretien, de l'adaptation et des bénéficies des projets planifiés et réalisés. L'intégration par le bas aurait en effet été plus inclusive des réalités et diversités historiques, culturelles, géographiques, sociales, organisationnelles, etc. C'est souvent la démarche associative, qu'il aurait fallu privilégier, surtout par ses services de proximité. Mais les politiques et les financeurs sont frileux de la diversité et des considérations sociales et environnementales, qu'ils maîtrisent mal. Ils sont plus à l'aise avec des standards techniques et économiques, des tableaux, des chiffres, des résultats physiques, et surtout des calendriers de décaissement. Il est vrai que cela les rassure, c'est plus tangible pour savoir où va l'argent et si les réalisations suivent ce qui a été convenu dans la planification du projet. Toutefois, cette logique pèche lorsqu'elle ne permet pas de s'assurer d'un intérêt suffisant des populations à s'approprier et à bénéficier des activités et des résultats du projet. En effet, dans ce cas, les activités du projet ne seront alors probablement pas durables au-delà du financement et on aura donc de toute façon perdu une grande partie du budget, ou de son utilité.

Pourtant, dans mes expériences de terrain, j'ai pu constater que dans la majorité des cas, les ménages ruraux acquièrent une certaine transmission des savoirs et des expériences des ancêtres, sont soucieux du renouvellement et du développement de leurs moyens d'existence socio-économique, et donc de la gestion des ressources naturelles, des mécanismes solidaires, des traditions, etc. Ces sociétés rurales traditionnelles ont souvent une connaissance très fine de leurs territoires, des risques et des options de développement. Il suffit d'accompagner les diagnostics inclusifs à leur logique de pensée pour trouver rapidement des solutions adaptées et surtout la « clé d'entrée » qui déclenchera son intérêt et débloquera la dynamique de développement. Or, en ajoutant par le haut des couches « genre », « environnement », « gouvernance », etc., louables en tant que telles, on perd souvent le bon sens commun et les intégrations prioritaires d'une réalité sociale sur le terrain au moment de l'action. Sans jugement de terrain précis, on substitue une logique locale au profit d'une logique d'outils participatifs importés, on perd le fils conducteur et l'agenda de pensée et de besoin de la population au profit de l'agenda de pensée de l'agent du développement ou de la protection de l'environnement. Le risque est alors de corrompre les vrais « besoins » de la population par la « demande » (vis-à-vis de ce que peut lui proposer l'agent de développement), de le faire passer d'acteur de son développement à spectateur d'un modèle imposé, de faire disparaître des mécanismes traditionnels de solidarité, de décision et d'entraide par des systèmes d'aides et de subventions provoquant ou facilitant l'assistanat et l'individualisme. Ainsi, j'ai pu avoir à de nombreuses reprises les confirmations que 1) la mise en place d'une institution publique en charge de la protection de l'environnement créait plus de réactions de braconnage et d'utilisation non rationnelle de ressources naturelles ; 2) l'approche genre dans les sociétés patrilinéaires et patriarcales avait créé des conflits intraménages et intracommunautés ; 3) l'approche techniciste et financière sous-estimant, de manière volontaire ou non l'acceptabilité sociale d'un projet de développement, avait perturbé les mécanismes solidaires et communautaires et avait abouti à des projets rarement durables ; 4) le suivi et l'évaluation des résultats de projets non accompagnés d'évaluation quantitative et qualitative des impacts socio-économiques et environnementaux pouvaient aboutir à des situations dramatiques.

Par exemple, au Népal, la Banque asiatique de développement avait financé un projet d'irrigation de plus de 2 000 ha de rizières dans la zone du Teraï au début des années 2000 pour passer d'une à deux saisons annuelles de production, avec comme argument la sécurité alimentaire du pays. Oui, sauf que se référant au premier objectif des OMD, qui comprenait clairement l'articulation entre l'alimentation et la lutte contre la pauvreté, le projet avait globalement répondu au premier objectif, mais avait créé de la pauvreté et de la vulnérabilité alimentaire, en plus de l'iniquité ! En effet, en mettant en culture toute l'année ce périmètre irrigué, les castes intouchables « Dalits » riveraines perdirent la ressource gratuite en fourrage, collectée à la main dans les jachères de contre saison. Il faut rappeler qu'à cette période, les Dalits n'avaient pas droit à la propriété foncière, à la fonction publique, au mixage communautaire avec les autres castes hindoues et à partager tout produit aqueux lié à leur « intouchabilité ». Largement impactées par la marginalisation et l'exclusion, leurs seules sources alimentaires venaient du lait et de la viande des chèvres et vaches qu'ils élevaient sur des terrains communautaires avec un accès gratuit au fourrage, et des petits travaux artisanaux. En résumé, le projet avait accru les productions et bénéfices financiers des propriétaires de rizière, la sécurité alimentaire urbaine, en marginalisant et appauvrissant davantage les vulnérables de ces territoires.

Ceci étant dit, toute société évolue par l'apprentissage et par sa capacité à s'adapter aux changements globaux. Dans cet objectif, les processus d'échanges provoqués par la dynamique d'un projet doivent aussi permettre aux populations l'accès à de nouvelles techniques, technologies et méthodes quand elles répondent à un problème à régler. La difficulté est d'identifier quelles techniques, technologies ou méthodes proposées, testées et accompagnées, pour qu'elles apportent, sur la durée, plus d'avantages socio-économiques et environnementaux que l'ancien système et que ces avantages soient reconnus par les populations elles-mêmes.

Pour cette approche par le bas, toujours utilisée par les agents de terrain, en particulier au niveau des ONG et des associations, il aurait suffi que les financeurs prévoient dans les projets plus de formations, de professionnalisation et d'accompagnements continus de l'assistance technique à assurer les diagnostics, les analyses et les accompagnements des populations selon cette approche. Ce n'est qu'après cette étape que, selon le cas, on pouvait décider d'imposer par le haut certains thèmes, ne pouvant pas être influencés par le bas, comme les forces de marché, l'application plus efficace du cadre législatif et l'aide à l'adoption de nouvelles technologies.

Évolution et conséquences des changements climatiques

Depuis 2015, les prévisions initiales du GIEC sont revues de manière plus alarmiste, basées sur des preuves tangibles. En février 2024, la planète, pour la première fois, a atteint +1,5 °C par rapport aux normales annuelles, pendant 12 mois consécutifs. Depuis 2018, certains pays ont subi des sécheresses et canicules annuelles, d'autres des incendies et des inondations d'envergure. Malgré les efforts politiques et technologiques, y compris de transition énergétique, la machine climatique semble s'emballer et la liste des « menaces » est largement relayée par les médias. Les rapports et les analyses sont disponibles en ligne sur le site du GIEC. Toutefois, les impacts du dérèglement climatique, à ce stade, ne sont pas tous négatifs, mais encore souvent passés sous silence ou peu documentés : l'hiver est moins rude en montagne, la saison touristique s'accroît, la photosynthèse augmente avec le taux de CO2 atmosphérique, certaines espèces animales et végétales prolifèrent et dans certains cas redynamisent, avec un nouvel équilibre, la biodiversité et les économies locales, l'engagement dans les énergies renouvelables n'a jamais été aussi fort, le vélo a à nouveau le vent en poupe, on n'a jamais autant installé de panneaux solaires, on commence à reparler des consignes en verre pour limiter le plastique, la conscience citoyenne prend de plus en plus chez les jeunes, un certain militantisme revient.

En termes de développement rural et de protection de l'environnement, nous constatons, depuis ces deux dernières décennies, les conséquences suivantes des changements climatiques : un décalage des cycles des cultures et aussi des plantes sauvages, un stress climatique des plantes et des animaux, un abandon des terres agricoles pluviales affectées par le déficit hydrique, un accroissement des migrants climatiques (petits exploitants agricoles vivriers surtout) vers les villes, un affaiblissement ou une modification de certains écosystèmes, une moindre capacité de résistance de plantes sensibles aux sécheresses et stress hydriques répétés, un décalage d'habitat sud-nord ou altitudinal de certaines espèces (température de nidification, nourriture, etc.), un accroissement de la prolifération des espèces invasives adaptées aux nouvelles conditions climatiques. Le changement climatique devient, depuis 2015, une des causes majeures explicatives de la dynamique de développement et de protection de l'environnement. Nous ne sommes qu'au début de ce phénomène et de nombreuses incertitudes persistent sur les effets que connaîtront les prochaines décennies. Les politiques et stratégies de développement aux niveaux international et national devront être capables de s'adapter rapidement à ces changements pour faciliter la résilience des espaces ruraux. Le nouveau concept de Solutions fondées sur la Nature, initié par l'UICN, va dans ce sens.

Des acteurs du développement qui perdurent

Terminons cette liste de défis et d'opportunités par une note optimiste. Tant qu'il restera des personnes engagées, des débats et des analyses pour le développement durable sur la planète, des efforts pour la mise en œuvre des accords internationaux, des ressources financières, il faut rester optimiste et garder espoir. Le sens moral nous montre que quand il faut se mobiliser, l'humain est capable de rebondir, de se souder, de retrouver les comportements solidaires. Toutefois, pour que la somme de leurs actions donne des résultats tangibles, capables de renverser les tendances socio-économiques et environnementales évaluées[56] comme préoccupantes, surtout depuis 2015, une masse critique suffisante d'acteurs allant dans le même sens est nécessaire, pour tracer une ambiance, une attitude et un comportement positifs, porteurs d'espoir. Pas facile au quotidien, j'en conviens. C'est d'abord un courage et un engagement politique mondial sur des modèles de développement plus durables. Là, il y a plus qu'urgence. C'est aussi une efficacité de l'aide publique et de l'expertise pour le développement et la protection de l'environnement à renforcer, avec une obligation d'impacts plus que de résultats. Au niveau des acteurs du développement et de la conservation, c'est aussi, chaque matin, en se levant, de se dire : aujourd'hui, je vais travailler en « positive thinking » (pensée positive), pour la recherche de solutions, quelle que soit la situation ; les choses iraient beaucoup mieux. En effet, sans cette masse critique allant dans le même sens au même moment, au même endroit et pour le même projet, la « fatigue du développement » revient vite.

Sur le terrain, tant que l'on maintiendra un niveau suffisant de militantisme pour des valeurs et des principes, tant que le sens

---

[56] Nations Unies, Banque mondiale, FMI, OCDE, OXFAM, Union européenne.

moral dont est doté notre cerveau restera un contre-pouvoir aux assauts malveillants, tant que l'éducation et l'héritage des valeurs permettront aux futures générations de continuer l'action, tant que l'on sera capables de résister aux tentatives d'amalgames et à la généralisation de la haine que certains tentent de provoquer en surfant sur les situations d'échec, tant que l'on recherchera des solutions aux problèmes plutôt que de se contenter de les identifier et de les communiquer, quelquefois dans un esprit délétère, si l'on arrive à consolider les idées de convergence, de synergies, si possible avec une intelligence collective et un processus « building block », beaucoup d'actions positives sont encore possibles. La convergence et la complémentarité impliquent tous les acteurs du puzzle du développement et de la conservation : la population, la société civile, les secteurs privé et public. Il n'y a pas de petits et grands acteurs, ceux de premier et second rang, chacun a son rôle.

Bien sûr, au-delà des ressources humaines, des méthodes à développer, des gouvernances à adapter, les ressources financières, matérielles sont cruciales pour financer les actions. Là aussi, malgré les tensions, les guerres et les conflits, on constate qu'à tous les niveaux (bailleurs de fonds internationaux, bailleurs de fonds bilatéraux, contributions citoyennes, religieuses, entreprises, milliardaires, etc.) sont encore là. Il n'y a pas eu d'amalgame majeur non plus à leur niveau, l'enjeu du développement durable reste en haut des agendas. Même si les ressources restent insuffisantes, des efforts continuent pour faire évoluer les mécanismes financiers, pour améliorer les performances, pour inclure des conditionnalités plus respectueuses des hommes et des femmes, de l'environnement. Beaucoup reste encore à faire, mais l'énergie est là.

IV.
Bilan et réflexion pour la suite

La notion de bilan pour l'avenir du développement rural international reste un exercice subjectif. Je m'en tiendrai aux points principaux vécus, ressentis et analysés pendant cette période, en tant qu'agent de développement et de protection de l'environnement ayant fait un choix d'une carrière technique, plutôt de terrain proche des populations. Ce choix est voulu, même si j'eus aussi des missions au sein des financeurs (PNUD, FENU, BAD), des institutions (CIRAD, AFVP, DFID, Tour du Valat, Bureaux d'études) des ministères centraux (Ghana, Népal, Laos, Namibie, pays méditerranéens) et des ministères et institutions déconcentrés (Laos, Algérie, Maroc). De plus, dans cette période, les échelles de travail en zones rurales variaient avec la forte tendance à l'urbanisation (passant globalement de 20-40 % en 1984 selon les pays à 60-85 %) et le maintien des migrations économiques. Le développement rural n'est plus une approche et une logique rurale et territoriale uniquement, mais une approche globale qui comprend les liens ville-campagne, les migrations internationales, les réseaux numériques et le télétravail.

1. Bilan de mon expérience internationale

J'indiquerai quelques points de cette expérience de développement international dans le contexte rural :

Considérations relatives au travail d'expertise

- Un travail riche, passionnant, évolutif, qui demande d'avoir la santé, de ne pas compter ses heures et de trouver la juste balance entre vies professionnelle et privée ;
- Importance d'une capacité d'adaptation aux différents contextes, qui permet d'absorber et de négocier les

nouveautés plutôt que de les rejeter et quelquefois de devenir cynique ;

- Si, suite à une expérience déplorable, le cynisme et le négatif prend le dessus, ne pas hésiter à prendre quelques mois ou années de recul pour reprendre avec positivisme ;
- Il est utile de conserver une curiosité continue de la diversité de situations, des gens, des cultures, des paysages et des modes de vie, pour maintenir des échanges fructueux, percevoir les causes et les conséquences des changements de la société et ainsi actualiser nos références sur lesquelles construire les stratégies de développement ;
- Maintenir une capacité d'écoute globale et donc non sélective, en faisant abstraction de nos références du passé et surtout oublier certaines certitudes, de manière à rentrer dans l'agenda et le processus de pensée de l'autre, à le comprendre avant d'analyser ou de juger. Cela peut prendre, selon les situations, entre quelques heures à quelques mois ou années ;
- Savoir faire la distinction entre la « compréhension » et l'« acceptation » d'une situation ou d'un compromis, chose souvent la plus difficile pour l'expert dans des contextes historiques et culturels différents. En effet, si la compréhension est un préalable à un processus de négociation et de décision, l'acceptation doit émaner d'un jugement multicritère visant globalement au respect, à l'équité, à l'égalité des chances, à ce qui est juste. Le curseur optimum est souvent difficile à atteindre ;
- Tout en restant ambitieux pour atteindre les objectifs et les résultats d'un projet, rester humble et réaliste dans notre capacité à accompagner quelques familles à retrouver l'espoir et à prendre en charge leur développement à l'avenir de manière durable. Si chaque expert pouvait déjà s'assurer de ce niveau de résultat pour 100 familles pendant leur carrière, cela serait déjà fantastique ;
- Savoir sélectionner les batailles nécessaires à gagner et y mettre les efforts et énergies suffisantes, et ignorer ou décaler celles moins stratégiques qui font perdre du temps et de l'énergie pour des résultats peu stratégiques, qui peuvent être améliorés dans un second temps ;

- Savoir faire des compromis jusqu'à une limite que l'on juge du domaine de la malhonnêteté intellectuelle. Au-delà, en situation de blocage et en ayant tout essayé, ne pas hésiter à démissionner, par respect des valeurs de ce métier, pour garder la conscience tranquille, la reconnaissance et le respect des personnes sérieuses avec qui on travaille ;
- Dans un monde globalement corrompu (principes, valeurs et finances), faire la distinction entre la corruption positive (celle qui permet aux corrompus à haut niveau de pousser l'agenda du développement et la mise en œuvre du projet), la corruption rampante continue (celle qui colle au quotidien et avec qui il faut négocier pour faire avancer chaque étape) et la corruption négative (le puits sans fonds associé à aucun résultat de toute façon). Pour le premier cas, le coup est dur au début, mais la mise en œuvre se passe, à part s'il y a un changement de « corrompu » entre temps. Pour le deuxième cas, il faut avoir la santé et être en état de méditation régulier. Pour le troisième cas, j'ai démissionné avant de vivre cela.
- Selon le type de travail, souvent encadré par les acteurs publics, tenter de garder le temps nécessaire pour rencontrer et échanger avec les autres acteurs du développement (population, secteur privé, association) qui sont souvent beaucoup plus au courant des réalités du terrain, qu'ils vivent au quotidien et qui donnent souvent les clés de solutions aux problèmes rencontrés.
- Pour faciliter le portage politique et/ou scientifique d'un programme, impliquer dès le départ les acteurs politiques, les instituts et universités, les réseaux internationaux appropriés ;
- L'importance de la visibilité de nos actions. Un projet non visible sera vite oublié, restera localisé et ne sera sans doute pas utile pour la réplicabilité, même si ce projet est un succès. Il est donc important de prendre des notes, documenter nos actions et nos analyses et les communiquer et les diffuser pour laisser une trace et les leçons apprises auprès des acteurs du développement et de la protection de l'environnement, ainsi qu'aux populations. On constate en effet que la majorité des agents de développement n'a pas le temps pour cela et les rapports de projets finissent le plus souvent à la poubelle

après un certain moment d'archivage. Cela est très dommage, car les agents affectés en poste long sur le terrain sont souvent les seuls à pouvoir témoigner du vécu des modes de vie et des réalités du terrain sur la durée. Seuls les rapports et articles publiés ou mis sur internet rendent visible l'information et permettent l'accès large à ces connaissances.

Considérations relatives aux méthodes de développement rural

- Selon l'objectif, l'échelle et les populations ciblées par le projet, connaître et adapter les approches, méthodes et outils les plus appropriés : approche humaine, de développement local, territorial, écosystémique, intégré, inclusif, participatif, sectoriel ; méthodes Livelihood, DPSIR, méthode par menu, etc. ; outils SWOP, Focus Group, Brainstorming, enquêtes, table ronde, jeu de rôle, simulation, discussion en panel, RRA, PRA, etc.
- Selon le type de projet et les populations ciblées, ne pas hésiter à s'entourer de personnes-ressources de terrain ayant vécu de nombreuses années sur le territoire, de manière à confronter les approches et méthodes avec les réalités du terrain, de manière à formuler des projets et des programmes réalistes ;
- Privilégier, dans le cycle de projets, la qualité de la partie préparatoire (diagnostic, études de faisabilité, critères et ciblages) en impliquant dès le départ l'ensemble des acteurs essentiels, dont la population. En effet, avec la formulation d'un projet selon de bonnes bases, les chances sont fortes pour que l'on puisse gérer convenablement le reste des étapes du cycle du projet (mise en œuvre, suivi et évaluation). Dans le cas contraire, les acteurs passeront leur temps à rectifier le tir pendant la mise en œuvre, avec souvent beaucoup de fatigue et de résultats mitigés. Les acteurs ignorés au départ pourront être réticents à prendre le train en marche, certains pourraient même tenter de faire capoter le projet ;
- Privilégier, pour un développement rural adaptatif et des modèles de développement résilients, une approche qualitative humaine orientée sur les vrais intérêts et avantages perçus par la population. Cette approche,

ascendante et inclusive, associée à la réalisation d'une qualité effective des services attendus plutôt que sur les infrastructures, assurera en général la bonne gestion et la durabilité des résultats ;

- Faciliter les échanges et les passerelles institutionnelles et personnelles entre les agents du développement et de la conservation, dans les zones protégées ou non, de manière à décloisonner les méthodes et les actions en parlant le même langage et rechercher les compromis utiles ;
- Renforcer le poids des dimensions environnementales et sociales (acceptabilité sociale), souvent les plus sous-estimées, voire oubliées, dans les études de faisabilité, ainsi que les formations et les processus participatifs (avec les populations) de choix de modèles de développement, pour limiter les cas d'échec, toujours d'actualité en 2024 ;
- Dans les pays les moins avancés, prendre régulièrement en compte l'ensemble des productions et des économies familiales informelles dans les diagnostics et la conception des projets de développement socio-économique en zones rurales, car elles font partie de leur stratégie de développement actuelle et future des ménages. Celles extraterritoriales (retour financier des membres migrants, travail en ville, business, exploitation agricole ou rente locative dans d'autres territoires, etc.) ou « invisibles » (pensions nationales et internationales, subventions d'état, aide sociale, location de bâtiments ou services, situation de rente, etc.) peuvent représenter plus de 80 % de la partie financière des revenus. C'est quelquefois parmi celles-ci que se trouve la seule économie capable de générer de l'épargne, alors que celles territoriales peuvent juste maintenir la survie et la pauvreté ;
- Dans les ensembles socioterritoriaux, par exemple des bassins versants, des vallées ou des montagnes avec une histoire commune, privilégier l'approche selon les principes internationaux du développement local, en opposition à une approche quantitative et statistique.

Bien sûr, il ne fut pas facile de toujours appliquer ces principes et dans de nombreux cas, nous sommes acculés à des situations personnelles et professionnelles « border line ». Ainsi, je devenais « cynique » sur la récupération politique de l'approche participative en 1994 au Laos, décidais de faire une coupure avec le développement entre mi 1995 et mi 1997, en partie à cogérer un hôtel de plage à Bagamoyo en Tanzanie, rejoignais les cercles de la conservation et protection de l'environnement entre 2009 et 2018 par désillusion des modèles de développement que l'on mettait en place dans les pays en voie de développement.

J'ai surtout compris, pendant cette période de travail en Afrique, Asie et Europe, que les modèles de développement qui autrefois résultaient souvent d'une approche empirique, humaine empreinte de bon sens de la population lorsqu'il n'existait pas encore d'ordinateur, de téléphone et de technologies et industries sophistiquées, on tentait d'y revenir dans le cadre du développement international, en essayant d'intégrer, artificiellement et de manière souvent simpliste, ces mêmes composantes, par couche successive (genre, gouvernance, environnement, culture, etc.) à travers des acteurs de la recherche, du développement et de la conservation. Malgré beaucoup d'efforts, de bonne volonté, de budgets, on n'y est toujours pas arrivé. Mais restons optimistes, beaucoup d'idées restent à développer. En partie, cela était dû à l'oubli que le bon sens et la morale de l'humain intègrent et ajustent en permanence les solutions aux variations de situation selon des dizaines ou centaines de critères sociaux, géographiques, climatiques, techniques et économiques, de manière à répondre à des situations, dans les temps et de manière adaptée. On a eu donc beau rajouter des couches à chaque mode de développement et tenter de standardiser ces modèles, on a tellement « déshumanisé » les sociétés par des approches segmentées, par la course à l'économie, au marketing, à la croissance, aux technologies et à l'addiction aux écrans que de nombreux principes, logiques de bon sens, savoirs, expériences et valeurs, matériels et immatériels, ont été perdus ou non transmis aux générations actuelles. C'est cette réflexion, concrétisée par l'analyse de la « dynamique de développement » au Laos entre 1988 et 2002, qui a abouti au choix du titre de mes publications entre 2022 et 2024 sur les peuples ruraux du Laos : « la génération de l'oubli ». Penser le développement rural avec une intégration du cycle de projet et composantes de développement durable par le bas (niveaux des ménages et des groupes sociaux de décision) serait alors à tenter. On n'y est pas encore arrivé aussi en partie parce que les modèles standardisés de développement, l'accroissement démographique et les forces externes, économiques, politiques, sécuritaires et maintenant climatiques ne sont pas favorables à un réel développement durable.

Pour un monde plus équitable, plus juste et plus harmonieux, il reste donc, de la part d'une masse critique suffisante d'acteurs et de décideurs, beaucoup d'imagination, de travail, d'engagement, de solidarité, d'honnêteté intellectuelle, de bonne gouvernance, de courage politique, de mise en œuvre effective des lois, pour au moins éviter une pire situation, en respectant ce qui reste de la nature et des ressources naturelles renouvelables, socle de notre développement durable. Une équation difficile. C'est une vue qui peut paraître naïve, mais c'était un objectif louable depuis les accords de Genève, puis le sommet de Rio, les Objectifs de Développement du Millénaire et aujourd'hui des Objectifs de Développement durable (ODD). J'aurais tenté de participer à ces objectifs sur une période de 40 ans, il est temps de passer le relais.

2. Réflexions pour un développement rural international plus efficace et « durable »

Pour mieux atteindre les objectifs de développement et de protection de l'environnement en zones rurales, je formulais, dans le cadre de réflexions, de séminaires et de réunions, y compris dans le cadre des cours que je donnais aux Master II et Master of Science pendant 11 ans à l'Institut Agronomique Méditerranéen de Montpellier (IAMM) entre 2010 et 2021, certaines suggestions au niveau des politiques, des stratégies et des modalités de gestion des cycles des projets et des programmes de développement et de conservation soutenus par les organisations internationales. J'indiquerai ici uniquement celles qui me semblent les plus globales, sans répéter celles indiquées dans le chapitre IV. 1 « bilan de mon expérience internationale » :

- Pour éviter la profusion d'interprétations de « développement durable », quelquefois « sélectifs », aux agendas orientés, et dans certains cas incompatibles entre eux, créer des universités régionales ou un module obligatoire d'au moins une année, une sorte de tronc commun, de développement/conservation durable pour les jeunes souhaitant travailler dans le développement/conservation international. Ceci pour qu'ils acquièrent les bases et les outils pour une approche inclusive (social, culture, économie, environnement, gouvernance, etc.), pour connaître et comprendre les enjeux et les défis évolutifs du développement (sécurité alimentaire, pauvreté, vulnérabilité, estime de soi, employabilité, agrosystème résilient, gestion durable des ressources naturelles, changement climatique, etc.), de la conservation (biodiversité, écosystèmes et services écologiques, espèces envahissantes, etc.), de la bonne gouvernance (approche participative, planification locale, approche humaine et territoriale, cadres institutionnels et légaux, processus de décisions politiques), des engagements internationaux des états (ODD, CBD, Climat, etc.) ;
- Pour limiter les effets négatifs des segmentations méthodologiques institutionnelles (développement/conservation) et géographiques (aires protégées et non protégées, terre/mer) sur le caractère inclusif du développement et de la conservation, s'assurer que les agents du développement et ceux de la conservation, en particulier les scientifiques et les « profils de bureau », suivent un module commun d'au moins 6 mois dont 3 mois sur le terrain pour un cas concret de groupe, sur l'importance mutuelle de travailler ensemble et de connaître les approches, méthodes et outils respectifs, ainsi que les

passerelles, entre développement (ODD, approches Livelihood, humaine et territoriale, acceptabilité sociale, etc.) et conservation (CBD, DPSIR, PSR, etc.). Ce module permettrait aussi de renforcer l'intelligence collective.

- Associer plus fortement les objectifs et les mécanismes de mise en œuvre des ODDs et de la CBD, et d'autres engagements internationaux associés aujourd'hui et dans le futur, ainsi que leur suivi, pour s'assurer que les engagements environnementaux et climatiques ne restent pas une annexe du développement social et économique. Par exemple, l'aide financière aux objectifs de développement serait réellement conditionnelle (prévu dans le principe d'indivisibilité des ODD) aux respects, dans le même temps, de ceux environnementaux et climatiques ;
- Pour un guidage plus à l'écoute des réalités du terrain au niveau des financeurs, recruter des chargés de programme et des responsables financiers ayant fait un minimum d'une année réelle de terrain en continu (niveau village). En effet, aujourd'hui, beaucoup confondent dans leur CV, en matière d'expérience terrain, un engagement continu sur la durée d'une année avec les populations locales - avec l'addition, équivalente à une année, de quelques semaines passées dans différents postes, dans un bureau d'une capitale ou d'une ville secondaire d'un pays en voie de développement. Clairement, les chargés de programme de l'UE, de la Banque mondiale et du FENU avec qui j'ai pu bien travailler et défendre les objectifs du projet avaient tous plus de 3 années de terrain à leur actif.
- Continuer et renforcer les cycles et cadres logiques de projets flexibles et adaptatifs de manière à accompagner au mieux les dynamiques de développement et de conservation. En effet, les cadres trop rigides dans un monde en évolution rapide tendent à bloquer ces dynamiques ;
- Accentuer les évaluations participatives de projets et programmes basées sur les objectifs à long terme, l'impact socio-économique et environnemental plutôt que sur les résultats de court terme, ceux-ci pouvant être responsables d'impacts négatifs, inéquitables, voire contraires aux objectifs dans le moyen et le long termes ;

- Privilégier, pour les services étatiques (santé, éducation, eau, électricité, accès), l'approche par impact de service plutôt que par nombre d'infrastructures. En effet, le bétonnage des territoires n'a jamais garanti l'efficacité des services. Il a par contre dans certains cas endetté les populations et leurs descendances pour assurer l'entretien. À budget égal, il vaut mieux la garantie d'un docteur ou d'infirmiers équipés quelques jours par semaine sous une tente ou par camion médical mobile qu'un centre de santé en béton sans personnel ni équipement.
- En matière de développement rural et agricole pour la lutte contre la pauvreté et l'amélioration des conditions de vie, s'assurer de diagnostics, d'analyses et de solutions plus inclusives et plus axées sur le terrain, basés sur les stratégies de développement des ménages et des communautés (y compris les liens ville-campagne, les migrations économiques) et leur acceptabilité sociale du changement. En effet, beaucoup de projets se basent sur des diagnostics sectoriels (agriculture, tourisme, artisanat, industrie, environnement). Mais l'addition de ces diagnostics sectoriels, souvent basée sur la partie territoriale visible des communautés et des ménages, in fine, trouve de forts décalages avec les logiques et priorités de besoins et d'attente de certains groupes de populations, d'où une grande perte de temps et d'argent et un caractère durable plus qu'incertain des projets retenus. Dans de nombreux cas, que ce soit en Algérie, au Maroc, en Bosnie-Herzégovine, aux Philippines, en Albanie, au Ghana, au Liban, en Somalie, j'ai pu rencontrer des communautés et des ménages dont la partie financière des revenus venait à plus de 80 % de l'extérieur, donc des sources non visibles sur le terrain ;
- Au regard du retour de la pauvreté, de la vulnérabilité y compris alimentaire et nutritionnelle, associé à des cas de perte d'estime de soi et d'espoir, y compris en matière d'héritage dans certaines sociétés, prévoir, comme ce fut le cas dans les années 90, à nouveau des lignes d'aide sociale directe et des mécanismes spécifiques permettant aux plus démunis de pouvoir répondre, s'investir et bénéficier des projets au même titre que les ménages plus aisés, c'est-à-dire

s'assurer d'une réelle équité d'accès aux opportunités de développement. Les projets devraient en effet être capables de rectifier en partie les injustices de l'histoire.

- Dans les zones pauvres, isolées, sans grandes ressources naturelles et sans migrants économiques permettant de financer les noyaux familiaux restés au pays, favoriser des projets de plus de 5 ans (7 à 10 ans), flexibles, réellement intégrés et adaptatifs, avec un service et un accompagnement de proximité. Le temps long d'appui et le service régulier de proximité (plus de 5 ans) sont les ingrédients nécessaires, mais pas toujours suffisants, pour créer/recréer la confiance, l'estime de soi et le changement d'attitude et de comportement des populations pour adopter le changement ;
- Aux vues de l'institutionnalisation progressive, dans le cercle de l'aide internationale au développement, d'une corruption exagérée et d'un « business » du développement contraire à l'éthique, aux principes et aux valeurs de ce métier, il serait utile de créer une sorte de « tribunal international du développement », indépendant qui guiderait, adapterait les principes et surtout contrôlerait le respect des engagements et sanctionnerait le non-respect, des comportements et des objectifs de développement et de conservation. Le contrôle se ferait au niveau des états bénéficiaires, des financeurs, des bureaux d'études, des Instituts de recherche et de développement, des individuels et de leurs CVs. Une alternative partielle serait d'inclure, dans les rapports annuels des ODD et de l'IDH des Nations Unies, ou dans un nouveau rapport sur le « l'efficience des acteurs de l'aide internationale », des indicateurs comparatifs et des analyses qui serviraient au moins de « proxy » solides. Comme types d'indicateurs pour mesurer et analyser les tendances (et donc aussi des preuves des efforts des états bénéficiaires), on pourrait par exemple combiner des indicateurs existants : indice de corruption des pays[57], indice

[57] Depuis 1995, l'ONG Transparency International publie chaque année un indice de perception de la corruption ou IPC (en anglais, Corruption Perception Index ou CPI) classant les pays selon le degré de corruption perçu dans un pays. L'indice est élaboré à l'aide d'enquêtes réalisées auprès d'hommes d'affaires, d'analystes de risques et d'universitaires résidant dans ces pays ou à l'étranger.

de Gini, indice de distribution des PIB (PIB global versus PIB/hab. avec désagrégation par région et par groupe socio-économique) ; indices ou analyse des tendances des données collectées dans les études nationales périodiques avec désagrégation par territoire et par genre (cartes et analyses de la pauvreté, études des dépenses et consommations), indice d'efficience de l'aide internationale, indice de satisfaction de la population versus d'insatisfaction et de souhait migratoire ; indice de résultats par pays des évaluations externes de projets selon les références internationales comme le système CAD de l'OCDE et de la Commission européenne (pertinence, efficacité, efficience, impact, pérennité). De manière à s'assurer que les logiques d'analyse restent dans le cadre du développement durable, l'indicateur de l'empreinte écologique pourrait aussi être inclus, de manière à définir un équilibre optimum entre la progression de l'IDH et de l'empreinte écologique. On peut aussi imaginer des critères et des revues régulières d'accès à l'aide publique internationale en fonction des efforts tangibles des pays. Ainsi, en plus d'un caractère universel comme c'est le cas pour les ODD, l'engagement des états sur les résultats attendus pourrait devenir contraignant pour tous les pays. Face à l'urgence alimentaire, environnementale et climatique, c'est une option qui éviterait de continuer le « business as usual » et les demies-mesures que l'on constate depuis des 3 dernières décennies.

Épilogue

Indirectement donc, c'est grâce à l'armée que je pus me consacrer au développement international pendant 40 ans (1984-2024). Le comble, c'est que si, suite au Pacte de Varsovie (19 novembre 1990), on tentait de désarmer le monde avec la fin de la guerre froide, en 2024, on réarme massivement depuis ces deux dernières années. Ainsi, si dans les années 60, les pays industrialisés s'accordaient sur une contribution de 1,7 % de leur RNB pour le développement des pays du « Tiers monde », en février 2024, 18 pays de l'Alliance atlantique s'accordent pour dépenser 2 % de leur PIB pour le réarmement.

Même si, en 1984, rien de ma carrière internationale n'était écrit, ce fut une expérience très riche que je ne regrette aucunement.

Je pense avoir vécu des étapes intéressantes de ce travail à l'international, passant du développement agricole, au développement rural, à la lutte contre la pauvreté, à la protection de l'environnement en incluant les nouveaux enjeux mondiaux, y compris le changement climatique.

Ce fut l'occasion d'échanger avec de nombreuses personnes de différents pays, de croiser plusieurs cultures, de débattre sur les évolutions du monde et des méthodes de développement, de découvrir de nouveaux horizons, de revenir aux essentiels des relations sociales et des besoins des peuples.

Cette expérience internationale, ce fut aussi le fait de constater qu'être né en France, dans un pays démocratique et industrialisé, et avec un salaire, c'est un luxe quand on compare avec des situations, dans de nombreux pays, de non-accès aux passeports et visas, d'insécurité, de malnutrition, de violence, de non-respect des lois, de viols non punis, de fortes mortalités infantiles, de décès précoces en raison du manque de médicaments ou de finances pour se faire traiter à l'hôpital. C'est en Somalie, dans certaines zones du Népal puis au Congo, dans la zone Nord-Est de la Garamba, que cette notion comparative de luxe m'a surtout frappé. C'est aussi de constater le maintien de la disparité socio-économique entre les villes et les campagnes, les pays développés et en voie de développement, entre les territoires riches et ceux avec peu de ressources où la survie est encore la norme. On reste toujours choqués, lorsque l'on revient après plusieurs mois de ces contrées démunies de tout, de constater les rayons entiers de couche-culotte, produits laitiers et autres produits de consommation dans les hypermarchés et malls, que ce soit en Europe, en Amérique du Nord, en Asie, au Moyen-Orient. C'est aussi de constater que dans le processus d'industrialisation, d'éducation et de standardisation de nos modèles de développement, nous avons perdu en Europe de l'Ouest et dans les autres pays développés, une autre richesse, que l'on retrouve encore dans les pays en voie de développement : les rapports humains spontanés, la générosité, la solidarité, l'humilité, le lien homme-nature.

J'essayais alors, dans l'aide au développement, de gérer les compromis entre le développement financier qui allait permettre le développement socio-économique des personnes avec qui j'allais travailler, sans compromettre leurs richesses sociales, culturelles et leurs liens homme-nature. Pour tenter de nous rapprocher au mieux d'un « développement durable », nous avons travaillé en équipe, créé des dynamiques favorables, recherché des solutions. Il fallut bien sûr se confronter à des politiques, à des institutions, mais également à certains experts et à certaines communautés, peu informées, souhaitant adopter aveuglément les modèles et le « modernisme » de l'Amérique du Nord, de l'Europe, de l'Australie et autres pays dits « développés ».

Dans cette période 1984-2024, qu'en est-il de nos réseaux de connaissance acquis au fil des pays de travail ? C'est un sujet important, car le retour dans notre pays et la fin de notre parcours professionnel, s'il est mal préparé, peut être un choc. Si l'on ne peut pas garder toutes les relations créées lors de notre parcours en raison de l'éloignement des pays, des adresses email et des numéros de téléphone qui changent, je maintenais au maximum les contacts avec les personnes rencontrées, les institutions, les centres de recherche, car inévitablement, nos expériences continueront à alimenter nos voyages et nos discussions. C'est aussi parce que je retenais, lors de notre préparation au départ en Somalie, à l'AFVP, une phase qui me marqua : « vous avez choisi de partir en tant que volontaire dans un pays du Sud, n'oubliez pas que de retour d'expérience, pour éviter les problèmes de réadaptation, vous devez déjà vous préparer à votre retour ». En ce qui me concerne, le maintien des relations fut particulièrement actif lorsque la mission dépassait une durée d'une année (tous les pays d'expatriation), la difficulté du pays et/ou le choc culturel nous avait soudés comme en Somalie, lorsque les émotions avaient favorisé les souvenirs communs comme en Somalie et au Laos, lorsque nous partagions une histoire et un humour communs (pays du Maghreb), quand nous avions pu de manière collective mener à bien et dans une bonne ambiance un projet commun (Laos, Algérie et Ghana). Certains experts internationaux décident de s'installer et/ou de prendre leurs retraites dans un des pays de travail, d'autres de rentrer dans leur pays, souvent tout en continuant à voyager. En général, ils maintiennent ou créent des réseaux d'expatriés, car notre histoire et vocation commune constituent un socle solide de confiance, d'amitié et de souvenirs.

En 2024, de nombreux enjeux et défis attendent celles et ceux qui vont poursuivre ou s'engager dans le développement et la protection de l'environnement international. Ce qui semble dominant et urgent à ce stade est la gestion optimum des décisions au regard de la sécurité, y compris alimentaire et nutritionnelle, de la gestion de l'eau douce, des changements climatiques, de l'énergie, des écosystèmes naturels/semi-naturels et de leur biodiversité, du système de santé mondial. La lutte contre la pauvreté reste une urgence, mais les engagements politiques et économiques restent insuffisants depuis 2015.

Les socles clés de réussite restent basés sur l'accès large à une éducation de qualité, sur la bonne gouvernance des états, sur le respect des lois, sur l'accès équitable aux opportunités de développement, sur la réduction de la pauvreté et des disparités sociales, sur le choix rationnel de modèles de développement compatibles avec les ressources peu/non polluantes et les enjeux climatiques et énergétiques, sur la masse d'acteurs suffisants restant engagés dans la gestion et la réussite des objectifs mondiaux, nationaux et locaux de développement durable.

En 2024, certains comptent sur le développement du numérique et de l'intelligence artificielle dans les concepts de développement et de protection de l'environnement. À voir !

Acronymes

AFD	Agence française de développement
AFVP	Association française des volontaires du Progrès (devenue France – Volontaire)
AICF	Action internationale contre la faim
AMCDD	Alliance marocaine pour le Climat et le Développement Durable
ANAP	Association Nature et Patrimoine
ASEAN	Association des Nations de l'Asie du Sud-Est
l'ASDSP :	Association de Soutien au Développement des Sociétés Paysannes du Laos.
CIHEAM	Centre international de hautes études agronomiques méditerranéennes
BAD	Banque asiatique de développement
BCEOM	Bureau d'Études pour les Équipements d'outre-mer
BDPA	Bureau du Développement de la Production Agricole
CBD	Convention de la diversité biologique
CCNUCC	Convention-cadre des Nations unies sur les changements climatiques CIHEAM
CIEDEL	Centre international d'études pour le développement local
CIRAD	Centre de coopération internationale en recherche agronomique pour le développement
CNUCED	Conférences des Nations unies sur le commerce et le développement
COP	Conférence des Parties
CPAWM	ONG de conservation de la nature
CV	Curriculum Vitae
DEVCO	Coopération internationale et développement (Union européenne)
DFID	Département britannique du Développement international
FAO	Organisation des Nations unies pour l'alimentation et l'agriculture
FENU	Fonds d'équipement des Nations Unies

FIDA	Fonds international de développement agricole
FMI	Fonds monétaire international
FNSSA	Food and nutrition security and sustainable agriculture
GAL	Groupe d'action locale
GIEC	Groupe d'experts intergouvernemental sur l'évolution du climat
HCP	Haut-commissariat au Plan
IAM	Institut agronomique méditerranéen
IDH	Indice de développement humain
INRA	Institut national de recherche agronomique
IPEMED	Institut de prospective économique du monde méditerranéen
ISARA	Institut supérieur d'Agriculture Rhône-Alpes
JPO	Junior Professional Officer
LEADER	Programme européen : Liaison Entre Action de Développement de l'Economie Rurale
LGBT	Lesbiennes, gays, bisexuels et transgenres
MDG	Objectifs de Développement du Millénaire
MOFA	Ministry of Food and Agriculture (Ghana)
MSF	Médecins Sans Frontières
NEX	Système d'exécution nationale des Nations Unies
OCDE	Organisation de coopération et de développement économiques
ODD	Objectifs de Développement Durable
OGM	Organisme génétiquement modifié
ONG	Organisation non gouvernementale
ORMVA	Office régional de mise en valeur agricole
PAM	Programme alimentaire mondial
PERDIEM	Indemnité journalière perçue liées à un déplacement professionnel
PIB	Produit intérieur Brut
PNUD	Programme des Nations Unies pour le Développement
PRA	Participatory Rural Appraisal
PRAG	Guide pratique des procédures contractuelles
PSR	méthode Pression - Etat - Réponse
RRA	Rapid Rural Appraisal

SDSN	Réseau des solutions pour le développement durable
SEMIDE	Système euro-méditerranéen d'information dans le domaine de l'eau
SNDERZM	Stratégie nationale de développement de l'espace rural et des zones de montagne
SODETEG	Bureau d'étude technique
SOGREAH	Bureau d'ingénierie développement durable, écologie et travaux publics
SWAP	Sector Wide Approach
SWOT	forces, faiblesses, opportunités et menaces.
UE	Union européenne
UICN	Union internationale pour la conservation de la nature
UNESCO	Organisation des Nations unies pour l'éducation, la science et la culture
UNICEF	Fonds des Nations unies pour l'enfance
UNIFEM	Fonds de développement des Nations unies pour la femme
URSS	Union des républiques socialistes soviétiques
USA	États-Unis d'Amérique
USD	Dollar américain
UV	Ultra violet
WWF	Fonds mondial pour la nature

Table des matières

I. Introduction 7

II. Une carrière internationale non prévue 11

III. Un métier riche, adaptatif, avec encore de nombreux défis à relever 21

1. Comment passe-t-on du statut d'agronome à ethnologue ou expert en suivi des zones humides ?...............................21

2. Les grandes étapes en 40 ans de recherche - développement et de protection de la nature 35

3. Quelques défis et opportunités 101

Le défi de la sécurité alimentaire et de la nutrition refait surface...102

Une tension grandissante sur les ressources naturelles, les écosystèmes et leur biodiversité....................................107

Une déconnexion progressive avec les populations rurales dans la gestion des cycles de projet.............................116

Évolution et conséquences des changements climatiques 121

Des acteurs du développement qui perdurent................123

IV. Bilan et réflexion pour la suite 125

1. Bilan de mon expérience internationale 125

2. Réflexions pour un développement rural international plus efficace et « durable »..131

Épilogue 136

Acronymes 141

Du même auteur

- *Communautés rurales du Laos : la génération de l'oubli.* Peuples ruraux de parler môn-khmer du nord du Laos. L'Harmattan, Paris. 2024.
- *Communautés rurales du Laos : la génération de l'oubli.* Peuples ruraux de parler môn-khmer du centre du Laos. L'Harmattan, Paris. 2024.
- *Communautés rurales du Laos : la génération de l'oubli.* Peuples ruraux de parler môn-khmer du sud du Laos. L'Harmattan, Paris. 2024.
- *Communautés rurales du Laos : la génération de l'oubli.* Peuples ruraux de la famille linguistique tibéto-birmane du nord-ouest du Laos. L'Harmattan, Paris. 2023.
- *Communautés rurales du Laos : la génération de l'oubli.* Peuples ruraux de la famille linguistique tibéto-birmane du nord du Laos. L'Harmattan, Paris. 2023.
- *Communautés rurales du Laos : la génération de l'oubli. Peuples ruraux de la famille linguistique tay.* Partie I. L'Harmattan, Paris. 2023.
- *Communautés rurales du Laos : la génération de l'oubli. Peuples ruraux de la famille linguistique tay.* Partie II. L'Harmattan, Paris. 2023.
- *Communautés rurales du Laos : la génération de l'oubli. Peuples ruraux de la famille linguistique Miao-Yao.* L'Harmattan, Paris. 2022.
- Vivre et travailler en forêt au Maghreb - Regards croisés. Pp 161-184. L'harmattan, 2019.
- *Récit de voyage en Somalie. Volume 1 - Trois années dans la région du Cap Gardafui 1984-1987.* L'Harmattan, Paris. 560 pages. 2017.
- *Récit de voyage en Somalie. Volume II - Patrimoine socio-économique et naturel de la région du Cap Gardafui.* L'Harmattan, Paris. 2017.
- *Lao swidden farmers: From self-initiated mobility to permanent-settlement trends imposed by policy, 1830 to 2000 Earthscan, UK. 2016.*

- *Evolving swidden farming patterns in the Lao PDR: When policy reverses historically mobile ways of life to impose permanently settled livelihoods. Earthscan, UK. 2016.*
- *Learning from ecologically sound indigenous swidden practices and social mechanisms encountered in the Lao PDR, 1989–2003. Earthscan, UK. 2016.*
- *Valuation and management of forest ecosystem services: A skill well exercised by the forest people of Upper Nam Theun, Lao PDR. Earthscan, UK. 2014*
- *Renforcement des capacités, accompagnement, mécanismes de concertation et animation dans le cadre du développement local au Maroc. (2014)*
- *Enjeux et perspectives pour les zones humides méditerranéennes, Tour du Valat (2012)*
- *Say, femme Poussang - Peuple de la forêt, de la montagne à la plaine, au Laos.* Buchet-Chastel, 2012. 248 pages. 2012.
- *Manuel de développement local en Algérie (2009)*
- *Plan de développement local de la commune d'Oudjana dans la Wilaya de Jijel (Algérie) (2009)*
- *Suivi-évaluation interne du projet PADSEL-NEA, Algérie (2008)*
- *Monitoring and Evaluation guidelines for decentralized Ministry of Food and Agriculture, Ghana (2007).*
- *Rural Livelihood study for the identification and outcome and impact indicators of agriculture sector development programmes in Ghana. (2007)*
- *People and livelihood dimensions in poverty reduction strategy in Nepal. Suggestions for ADB strategy and programming in rural areas of Nepal. Kathmandu, 2004.*
- *Poverty grouping in rural and semi-urban Nepal, new ADB project response, and consideration for the country strategy implementation. Kathmandu, 2004Agriculture in Nepal: a view from the field. Too many farmers may kill agriculture. – Implication for ADB strategy in rural development. Kathmandu, 2003.*
- *The Mrabri in Laos – A world under the canopy.* White Lotus, Bangkok. 96 pages. 2001.
- *The Peoples of Laos - Ethnic and farming diversities* - White Lotus, Bangkok. 187 pages. 1999.

- *Évolution des systèmes de production ruraux en République Démocratique Populaire Lao - 1975-1995* - L'Harmattan, Paris. 1998.
- *Atlas des ethnies et des sous-ethnies du Laos* - Pakpassak, Vientiane. 1995.
- *Les oiseaux du Laos - Identification, distribution et chasse.* Pakpassak, Vientiane. 48 pages et 1 annexe. 1994.
- *Guide méthodologique pour le développement des communautés rurales au Laos - Amélioration des systèmes de production basée sur l'approche participative, l'aménagement des terroirs et la conservation de la biodiversité.* Pakpassak, Vientiane. 1994.
- *Les pratiques d'essartage au Laos, les systèmes actuels et leur avenir* - DEA Paris 5. 87 pages, 1993.
- *Les mammifères du Laos et leur chasse.* Vientiane, 92 pages. 1991.

Structures éditoriales du groupe L'Harmattan

L'Harmattan Italie
Via degli Artisti, 15
10124 Torino
harmattan.italia@gmail.com

L'Harmattan Hongrie
Kossuth l. u. 14-16.
1053 Budapest
harmattan@harmattan.hu

L'Harmattan Sénégal
10 VDN en face Mermoz
BP 45034 Dakar-Fann
senharmattan@gmail.com

L'Harmattan Cameroun
TSINGA/FECAFOOT
BP 11486 Yaoundé
inkoukam@gmail.com

L'Harmattan Burkina Faso
Achille Somé – tengnule@hotmail.fr

L'Harmattan Guinée
Almamya, rue KA 028 OKB Agency
BP 3470 Conakry
harmattanguinee@yahoo.fr

L'Harmattan RDC
185, avenue Nyangwe
Commune de Lingwala – Kinshasa
matangilamusadila@yahoo.fr

L'Harmattan Congo
219, avenue Nelson Mandela
BP 2874 Brazzaville
harmattan.congo@yahoo.fr

L'Harmattan Mali
ACI 2000 - Immeuble Mgr Jean Marie Cisse
Bureau 10
BP 145 Bamako-Mali
mali@harmattan.fr

L'Harmattan Togo
Djidjole – Lomé
Maison Amela
face EPP BATOME
ddamela@aol.com

L'Harmattan Côte d'Ivoire
Résidence Karl – Cité des Arts
Abidjan-Cocody
03 BP 1588 Abidjan
espace_harmattan.ci@hotmail.fr

Nos librairies en France

Librairie internationale
16, rue des Écoles
75005 Paris
librairie.internationale@harmattan.fr
01 40 46 79 11
www.librairieharmattan.com

Librairie des savoirs
21, rue des Écoles
75005 Paris
librairie.sh@harmattan.fr
01 46 34 13 71
www.librairieharmattansh.com

Librairie Le Lucernaire
53, rue Notre-Dame-des-Champs
75006 Paris
librairie@lucernaire.fr
01 42 22 67 13

www.ingramcontent.com/pod-product-compliance
Lightning Source LLC
LaVergne TN
LVHW021230061026
849535LV00008B/3010
9782336483559